Andreas Zaupfer

Versuch eines bayerischen und oberpfälzischen Idiotikons

Andreas Zaupfer

Versuch eines bayerischen und oberpfälzischen Idiotikons

ISBN/EAN: 9783743400108

Manufactured in Europe, USA, Canada, Australia, Japa

Cover: Foto ©Andreas Hilbeck / pixelio.de

Manufactured and distributed by brebook publishing software (www.brebook.com)

Andreas Zaupfer

Versuch eines bayerischen und oberpfälzischen Idiotikons

Versuch

eines

baierischen und oberpfälzischen

Idiotikons.

Nebst grammatikalischen

Bemerkungen

über diese

zwo Mundarten,

und

einer kleinen Sammlung

von

Sprüchwörtern und Volksliedern.

Von

Andreas Zaupser,

Churfürstl. Hofkriegsraths- und Waldesecksekretär,
Professor an der Herzogl. Mariau. Landesakademie.

Mit Genehmhalt. des kurfl. Büchercensurkollegiums.

München,
bey Joseph Lentner. 1789.

Den

zween großen deutschen

Sprachforschern

Herren

Adelung und Fulda

widmet diesen Versuch

Ihr ergebenster Verehrer
Zaupser.

Vorbericht.

Viele auswärtige, und inländische Gelehrte haben öfters den Wunsch geäußert, daß nach dem Beyspiele einiger andern deutschen Provinzen auch ein baierisches und oberpfälzisches Idiotikon mit den gehörigen Erklärungen, und wo es möglich ist, mit beygefügten wahren, oder wenigstens wahrscheinlichen Ableitungen gesammelt werden möchte. Nicht nur dem reisenden Nie-

derdeutschen, welchem der Dialekt des gemeinen Mannes in Baiern beynahe ganz
unverständlich ist, sondern auch dem phi-
losophischen Sprachforscher und Geschicht-
schreiber kann eine solche Sammlung nicht
anders als angenehm seyn, theils weil sich
aus der Sprache eines Volkes auf sein Alter, auf den Grad der Cultur und Politur,
worauf dieses Volk stehet, und auf den
Charakter desselben einigermassen schliessen
läßt, theils weil durch erleichterte Verglei-
chung mehrerer Mundarten sich über die
Sprache selbst ein neues Licht verbreiten
kann. Dieser Wunsch blieb bisher noch
unerfüllt. Zwar wurden hie und da einige
Versuche gemacht, einige Wörter und Redensarten aufgezeichnet. Allein auch dieses
(und wie wenig war es!) geschah größtentheils flüchtig und ohne Auswahl, Baierisches und Fremdes wurde unter einander

ge-

geworfen, und manchen Ausdrücken wohl
gar eine ganz falsche Bedeutung unterge-
legt. *

---

* So fand ich in einigen Verzeichnissen folgende Wörter falsch angegeben: Amber
für Eimer, Fratz für Bastard, Dusem
für Nebel, Sched für Koth, Fateln für
garstig reden, Spangler für Gürtler, Suierl für stechender Dorn ꝛc. Die Wörter
Fratz, Sched, Spangler, Suierl bedeuten in Baiern ganz etwas anders, als hier
angegeben ist, und die übrigen werden gar
nicht gehört. Alle kleinen Verzeichnisse, die
wir von baierischen Wörtern haben, rühren
von reisenden Ausländern her; denn die Baiern haben in diesem Stücke noch nichts ge-
liefert. Freylich bemerken Fremde die Provinzialismen, an welche ihr Ohr nicht gewöhnt
ist, leichter, als die Inländer. Allein da
ihr Aufenthalt meist von kurzer Dauer ist,
so ist leicht zu begreiffen, daß sie den Sinn
mancher Provinzialismen nur halb und un-
vollkommen faffen, je nachdem sie solche bey
einzelnen Gelegenheiten hören, und daß sie
selbe

Um dem Verlangen so vieler wür-
digen Männer Genüge zu thun, habe ich
mir seit geraumer Zeit alle Mühe gegeben,
nicht nur baierische und oberpfälzische Wörter, sondern auch den Baiern und Oberpfäl-
zern eigenthümliche Redensarten, Sprüch-
wörter, und Volkslieder zu sammeln, die
verschiedenen oft originellen Gebräuche,
selbst Spiele bey jeder Gelegenheit zu er-
läutern,

---

selbe unrichtig in das Hochdeutsche übertragen.
So mag es, um nur Ein Beyspiel anzuführen,
mit dem Worte Kolpet ergangen seyn. Dieses soll nach einigen Verzeichnissen einen
Menschen anzeigen, dem die Haare abge-
schnitten sind. Nun läßt sich zwar von
ungleich, uneben geschnittenen Haaren
sagen, daß sie kolpet geschnitten sind;
aber das Wort selbst hat diese eingeschränkte
Bedeutung nicht. Dazu kömmt die Unbequem-
lichkeit, daß der gelehrteste Ausländer sich
größtentheils auf die unsichere Hermeneutik
inländischer, manchmal der deutschen Sprache
nicht mächtiger Zeugen verlassen muß.

läutern, und wenn nicht etwas vollständiges, (wie wäre dieses bey dergleichen Din-
gen möglich?) doch etwas so ziemlich be-
friedigendes zu leisten.

Aber auch dieses schien mir, wenigstens in Absicht auf reisende Deutsche, den
gewünschten Nutzen noch nicht zu schaffen,
wenn ich ihnen nicht sichere Regeln von
der Aussprache dieser zwey vereinigten Völker vorlegen, und sie dadurch der Arbeit
überheben würde, aus vielen Vergleichungen sich erst selbst Regeln zu abstrahiren.
Zu diesem Ende habe ich bey meinem Idiotikon grammatikalische Bemerkungen über
diese zween Dialekte vorausgeschickt, weil
ich aus Erfahrung weiß, daß hauptsäch-
lich die Verschluckung gewisser Buchstaben, und die sonderbare Aussprache einiger
Vocale nebst der von andern Dialekten
ver-

verſchiedenen Abänderung der Artikel, Für-
wörter, und Zeitwörter dem Ausländer
die baieriſche und oberpfälziſche Mundart
ſo unverſtändlich mache. *

Die

---

* Eine kleine Anmerkung über die Grammati-
ken lebender Sprachen wird vielleicht hier
nicht am unrechten Orte ſeyn. Ich vermiſſe
beynahe in allen, (Morißens portugieſiſche
macht eine Ausnahme) eine kurze Anzeige
der Hauptdialekte, und beſonders ihrer Aus=
ſprache. Es kann doch wahrlich einem jun=
gen Menſchen, der z. B. ſein Franzöſiſch oder
Italiäniſch erlernt zu haben glaubt, nicht
gleichgültig ſeyn, wenn er mit einem ge=
bohrnen Franzoſen, oder Italiäner, welcher
eben nicht ſchulgerecht nach Pepliers und
Veneroni ſpricht, zu reden kömmt, und
kaum den Inhalt von dem, was dieſer ſagt,
bey der angeſtrengteſten Aufmerkſamkeit ver=
ſtehet. Sollten nicht bey jeder Grammatik
zum mindeſten einige beſtimmte Regeln
von

Die baierische Mundart ist nach dem
Urtheile der Reisebeschreiber unter allen deutschen die rauheste nach der schweizeri-
schen. Dürften sie nicht hinzusetzen, nach
der tyrolischen? Der Tyroler füllt beyde Backen, wenn er zu reden anfängt.
Sein Mund scheint von hundert Worten
trächtig, die er mit Einemmale, qua data
porta, herausstossen will. Die Sprache
der Baiern ist zwar nicht minder hart, aber
nicht gar so voll und pausbackend, wie die
                                    seiner

---

von den Hauptdialekten angehängt seyn,
z. E. was in diesem oder jenem verschluckt,
oder hinzugesetzt werde? Man glaubt nicht,
wie sehr einem Fremden dadurch die Sprachkenntniß erleichtert würde. Für eine einzige
venetianische Scene aus Goldoni wird jeder
verständige Lehrling gerne ein paar unbedeu-
tende Gespräche oder Briefe dem Gramma-
tikschreiber erlassen.

seiner südlichen Nachbarn. Man bemerkt vielmehr etwas Gemächliches und Nachläßiges in der Aussprache des gemeinen Mannes. in Baiern, welches nicht wenig zur Unverständlichkeit seiner Aussprache in niederdeutschen Ohren beyträgt. Ich will aber dadurch nicht läugnen, daß die Mundart der Tyroler sich verfeinere, wo sich ihr Land dem italiänischen Himmel nähert.

Die nächste Verwandschaft hat die baierische Sprache mit der österreichischen. Herr Adelung nennt diese sogar die Tochter der baierischen. Sie ist wirklich weicher, feiner und geschwinder als ihre Mutter, und in ihrem Accente bemerken die Ausländer etwas Kreischendes, welches bey der baierischen der Fall nicht ist. Beyde

zu-

zusammen genommen nennt man die Do-
nausprache. Sie haben viele gemeinschaft-
liche, den Niederdeutschen unbekannte
Wörter, denen es am Ausdrucke dessen,
was sie bezeichnen, gar nicht fehlet. Die
baierische Mundart ist zwar etwas rauher
als die österreichische, so wie auch die
Sitten und Manieren der Baiern derber
sind. Doch hat der Baier eben dieselben
Diminutive, welche der Oesterreicher liebt.
Er spricht Bratl für Braten, Nandl für
Anna, Starl für Star ꝛc., so daß ich
den Schluß eines sonst sehr scharfsichtigen
Beobachters von dem Gebrauche der vielen Diminutive in Oesterreich auf die
Weichlichkeit des Nationalcharakters nicht
unterschreiben möchte. Mir däucht es vielmehr, daß der Oesterreicher, wie der Baier, wo es um Frauenzimmer ode; um nied-
                                              liche

liche Sachen zu thun ist, dem Rauhen seiner Mundart durch diese Diminutive zu Hülfe kommen, und seiner Sprache dadurch einen feinern, geschmeidigern Ausdruck geben wolle. Es versteht sich übrigens von selbst, daß die Rede hier durchaus nur vom gemeinen Manne, nicht von den verfeinerten Bewohnern der Hauptstädte seyn kann. Diese unterspicken in München, wie in Wien ihr Deutsches nicht nur mit vielen französischen und italiänischen Wörtern, sondern befleißigen sich auch einer sanftern, gefälligern Aussprache, bey welcher ihnen nun leider freylich auch mancher ungebetener Provinzialismus dazwischen läuft.

Der bis zum Eckel getriebene Vorwurf der Grobheit, welchen man den Baiern

zu machen pflegt, und den jedes ausländi-
sche Kind nachzulallen sich für berechti-
get hält, ist doch wohl nur in Ansehung
ihrer Sprache wahr und gegründet. Sie
verschlucken viele Vocale, sprechen andere
wie Doppellauter aus, und sind überdieß
gewohnt, alles rund heraus bey seinem
natürlichen Name zu nennen. Sie sagen
ganz treuherzig aus Scherz zu einander,
was Götz von Berlichingen im Heldenton
dem Hauptmanne sagen läßt, der seine
Veste auffodert. Eine rauhe Mundart
(die man von einer rohen und dürftigen
wohl unterscheiden muß) verdient nun zwar
darum, weil sie rauh ist, eben kein Lob,
— aber auch keine Verachtung, wenn sie
nur körnicht, und expressiv ist. Rauh war
die Sprache der Celten, rauh sind noch
die Sprachen der Schweizer, Slavonier
und

und anderer berühmter Nationen. Wenn gleich diese Rauhigkeit nicht von feinen, überzuckerten Sitten zeugt, so ist sie doch immer der Abdruck von Mannsinn, und Festigkeit. Indessen ward den Baiern wegen dieser unpolirten altdeutschen Art zu sprechen das beleidigende Prädicat grob zu Theile, da doch ihre thätige, und oft zuvorkommende Gefälligkeit, welche allein den Name wahrer Höflichkeit verdienet, von den strengsten reisenden Beobachtern aus eigener Erfahrung mit Beyfall anerkannt wird.

Die Baiern sind etwas ernsthafter als die Oesterreicher, doch meist auch von lustiger Gemüthsart, und sehr sinnlich. Wenn sie auf dem Felde oder bey einem Baue arbeiten, oder wenn sie in der Schenke mit-

miteinander zechen, ſtimmt einer aus ihnen
ein Liedchen an, und die übrigen fallen
ein. Ihre Lieder beziehen ſich meiſt auf
Liebe, Trunk und Raufen. Daraus er-
kennt man die geſunden, kraftvollen Söhne der Natur. Indeſſen haben dieſe Lieder doch manches Naive, und enthalten,
was man vorzüglich an ihnen rühmen muß,
nichts Freches oder Unſittliches. Mehr
Luſtigkeit herrſcht in den Liedern der Baiern, mehr Nachdenken liegt in denen der
Oberpfälzer.

Der Baier ſpricht gerne in Bildern.
Dieſe Eigenſchaft verräth Witz. Er liebt
Vergleichungen und häuft derer wohl zwo
oder drey in einem einzigen Superlative.
Er ſagt: Steinalt, ſiedheiß, zaun-
krackendürr, fuchsteufelwild, ſpeckfett,

* *   hoch-

hechtengefund, kohlbeerrabenſchwarz, ſchneeblührieſelweiß, ꝛc. ꝛc. Oft beruft er ſich ganz kurz auf eine Fabel, oder Erzählung, wovon im Idiotikon einige Beyſpiele vorkommen werden. (Sieh Buchſt. H. und R.)

Die Ausſprache iſt, wie man ſich leicht denken kann, nicht überall gleich. In Oberbaiern, beſonders im Pfaffenwinkel ſpricht man weit rauher, als in Niederbaiern, und als ſelbſt im ſogenannten Walde. Je näher man an die Tyrolergebirge kömmt, deſto ſchwerer wird es die Leute zu verſtehen. Es iſt zwar der baieriſchen Sprache eigen, viele Selbſtlauter zu verſchlucken. Aber dort werden ſogar die Mitlauter am Ende verſchluckt. Man ſpricht: Gfrak für gefragt, gſat für geſagt, Amp für Amt, gchap für gehabt, gſchamp für geſchämt.

Der

— Der Oberpfälzer dehnt, wie der Rhein-
pfälzer, die Worte singend hinaus; der
Baier redet alles gerade weg, fast ohne
Musik.

’ Die Mundart der Baiern muß für den
Sprachkenner um so wichtiger seyn, weil
die Baiern eben so streng auf ihre alte
Sprache, wie auf ihre alten Sitten und
Gebräuche halten. Sie lassen sich so leicht
nichts neues aufs Haus bringen, wie sie
sagen. Ein Eingebohrner, welcher durch
Umgang mit der feinern Welt an eine etwas
reine Sprache gewöhnt ist, darf nach den
Regeln der Klugheit die Sprache des gemeinen Mannes nie ganz verläugnen, wenn
er je will, daß dieser seine Gesellschaft nicht
meide, und ihn einer stolzen Verachtung
seiner Muttersprache beschuldige. Er muß
auf alle Fälle sein Patois für den gemeinen Umgang, besonders auf dem Lande,

stets

stets im Vorrath behalten. Von dieser
Anhänglichkeit der Baiern an das Alte
kömmt es wahrscheinlich her, daß in ihrer
Mundart noch so viele obsolete Stamm-
wörter gebräuchlich sind. Z. E. Klecken
für: erklecken oder hinlänglich seyn. Loah-
nen (lehnen) für: sich anlehnen. Leinen
für: aufleinen, aufthauen. Spannen für:
sich anspannen, aufmerksam seyn.

Das Urtheil competirender Richter
wird entscheiden, ob ich zu Erreichung der
oben genannten Vortheile durch Sammlung dieses Idiotikons etwas beygetragen
habe, oder nicht.

Gram-

Grammatikalische
Bemerkungen
über
die baierische und oberpfälzische
Mundart.

———

Das a spricht der Baier und der Oberpfälzer sehr oft wie o aus. Host für hast.
Wos für was. Olt für alt. Hogel
für Hagel. Soft für Saft. Gar, spricht
der Oberpfälzer aus wie goar.

Ae lautet oft wie ein gedehntes a. J
waar für: ich wäre.

A   Ai

Ai lautet im Baierischen, wie oa. Z.
E. anstatt Baier spricht man Boar, an=
statt Kaiser, Koasa.

E zwischen zween Mitlautern wird größ=
tentheils verschluckt. Man spricht gschwind
für geschwind, Gsicht für Gesicht, bsuecht
für besucht.

Das e am Ende eines Worts wird
meist ausgelassen. D'Tisch für: die Tische.
Seine Freund für: seine Freunde: Oft wird
aber auch ein n dazugesetzt, z. E. d'Erden
für: die Erde, d'Suppen für: die Suppe.

Der Baier spricht das ei meist eben so
wie oben das ai, nämlich wie oa, aus.
Oagn für eigen. Gschroa für Geschrey.
Verstoagern für versteigern. Loata für
Leiter. Zoagn für zeigen. Noagn für
neigen.rc. Doch ist dieses nicht durchaus bey
allen Wörtern gewöhnlich. So sagt der
Baier nie stoagn für steigen. Merkwürdig
ist, daß alle diejenigen Wörter, bey wel=
chen der Baier das ei wie oa ausspricht, in
alten Urkunden mit ai geschrieben werden.
Z. B. aigen, haimlich, Aid, mainen,
Erbthail, kain, überain, rc. rc. Der
Oberpfälzer spricht dafür Gschroy, oign,
zoign, hoimli, Oid.

Das

Das en am Ende eines Wortes lautet wie a, oder es wird das e ganz verschluckt. Z. E. Fluecha fluchen, schreya schreyen, bethn bethen, schlogn schlagen.

Das er am Ende der Wörter spricht der Baier und der Oberpfälzer wie a aus. Z. E. da Vata, der Vater. S' Wassa, das Wasser.

Bey ie wird das e im baierischen Dialekte durchaus recht vernehmlich gehört. Nie, Knie, wie niä, Kniä. Der Oberpfälzer hingegen verwechselt diese zween Buchstaben und setzt das e vor dem i. Z. E. Knei (zweysylbig, wie Knái) für Knie. Nei (Nái) für nie. Deib, (Dáib) für Dieb. Veich, (Váich) für Vieh.

Das o spricht der Oberpfälzer wie ou aus. Stouß für Stöß, grouß für groß.

In Baiern tönt das u oft, wie ue. Z. E. Du mueßt für: du mußt. Fluecha für fluchen. Bue für Bub. Bluet für Blut. Fueß für Fuß. Kueb für Kuh. In der obern Pfalz aber lautet es wie ou. Moust, flouchn, Bou, Blout, Fouß, Koub. In den ältesten Urkunden ließ man guet, guot für gut und dergleichn, welche Aussprache der Baier beybehalten hat.

A 2   Das

Das n am Ende eines Wortes wird
größtentheils durch die Nase ausgesprochen,
wie im Französischen. Da Mon für: der
Mann. Da Lohn für: der Lohn, gerade
wie das französische l'on.

Das r und sogar das rr wird meist sehr
gelinde wie d ausgesprochen. Z. E. Gstridn
für gestritten. Reidn für reiten. Glidn
für gelitten; denn gelitten heißt in Baiern
so viel als geläutet. Diese weiche Aussprache
des r hat die baierische mit mehrern deutschen Mundarten gemein. Ich hörte einst
eine Rheinpfälzerinn über baierische Zimmerleute lachen, weil einer aus ihnen von dem
andern die Loata (Leiter) verlangte. Ich
fragte sie, wie dann der gemeine Mann in
ihrem Vaterlande dieses Wort ausspreche.
Wie man es schreibt, antwortete sie,
Leder.

Von

Von den Artikeln.

Der bestimm͜te Artikel der, die, das
wird also abgeändert:

Männliches Geschlecht.

N: Da Hund.
G: N' Hund sein z.
E. Kopf. Denn der
Baier und Ober-
pfälzer gebraucht
den Genitiv des,
oder der nie.
D: und Acc: N
Hund.
Abl: Von n' Hund.

Weibliches Geschlecht.

N: d' Gans
G: da Gans ihr z.
E. Fuß für: der
Fuß der Gans.
D: Da Gans.
Acc: d' Gans.
Abl: von da Gans.

Ungewisses Geschlecht.

N: S' Pferd.
G: N' Pferd sein z. E.
Huf.
D: N' Pferd.
Acc: S' Pferd.
Abl: Von n' Pferd.

Viel-

Vielfache Zahl
in allen Geschlechtern.

N: D' Hund, d' Gäns, d' Pferd.

G: N' Hundn, Gänsa, Pferdn ihre z. G. Köpfe.

D: N' Hundn, Gänsn, Pferdn.

Acc: Wie der Nomin.

Abl: Von n' Hundn, Gänsn, Pferdn.

Der unbestimmte Artikel ein, eine, ein wird im Nominativ durchaus wie a, und wenn das folgende Wort mit einem Vocal anfängt, wie an ausgesprochen. Z. B. A Richta, a Henna, a Haus, än Antn für: Ein Richter, eine Henne, ein Haus, eine Ente. Im Genitiv spricht man wieder: an Richta sein Spruch, an Maadl ihr Kload. Denn der regelmäßige Genitiv wird se gehört. Im Dativ durchaus an. In Aecus. an Richta, a Henna, a Haus, a Antn. Im Abl. Von an Richta, von an Henna, von an Haus, von an Antn.

Etwas besonders ist es, daß der unbestimmte Artikel gebraucht wird, wo andere Deutsche keinen gebrauchen. Gieb ma a Wassa, gieb mir Wasser. rc.

Von

Von den Fürwörtern.

Anstatt ich sagt man i, anstatt mir ma, oder auch mier, anstatt mich mi, anstatt dir da oder dier, anstatt dich di, anstatt sich si.

Für wir spricht man mier, für ihr ös z. E. Mier sogn. Wir sagen. Hobts ös thon? Habt ihr es gethan? Der Oberpfälzer spricht wohl gar dötz für ihr. Dötz selba sagts. Ihr selbst sagt es. Eu oder Enk, für Euch.

Ihm wird ausgesprochen, wiel iehm. Jehna (Jähna) für ihnen.

Zu merken ist, daß ein Frauenzimmer von etwas gutem Stande es übel deuten würde, wenn man im Discurse mit ihr im Accusativ das Sie von ihrer Person gebrauchen wollte. Man darf nicht sagen: Mamsell, ich habe Sie gestern gesehen, sondern: ich habe Ihnen gestern gesehen. Das Sie im Accusativ ist nur für Mädchen und Weiber von geringerm Stande. Z. B. Jungfer Köchinn, ich habe Sie gestern gesehen.

Anstatt

Anstatt es spricht man durchaus s'. S'is hoas. Es ist heiß.

Für euer wird enka gebraucht. Z. E. Enka Haus für: euer Haus.

Anstatt dieser, diese, dieses sagt man, der, dö, dös.

Einer, eine, eines wird ausgesprochen wie oana, oane, oans.

Von den Zeitwörtern.

Der Baier und Oberpfälzer gebraucht die jüngst- und längstvergangene Zeit in der anzeigenden Art nie, sondern anstatt dieser durchaus die völlig vergangene.

Das ge im Anfange der völlig vergangenen Zeit wird oft ausgelassen. Er is ganga für: er ist gegangen. Er ho'ds Buech brocht für: er hat das Buch gebracht. Der Baier, der gerne contrahirt, ersparet sich dadurch eine Sylbe. Bey vielen Wörtern wird nur das e verschluckt. Si san gloffa für: Sie sind gelaufen. Für worden spricht er worn.

Die

Die jüngſtvergangene Zeit der verbin-
denden Art endigt ſich meiſt auf et. Wenn
i kömmet für: wenn ich kämme. Wenn
ers wiſſet für: wenn ers wüßte.

Die längſtvergangene Zeit in der ver-
bindenden Art lautet ſo: J waar kumma
ich wäre gekommen. Du waarſt kumma
ꝛc. J häd gſehn, du häſt gſehn für:
ich hätte geſehen, du hätteſt geſehen ꝛc.

Die zukünftige Zeit: J wer (für werde) du werſt, er werd, mier wern,
ös werts, ſi wern z. E. verreiſen.

Thuen (thun) iſt ein ſehr gewöhnlicher
Pleonaſmus im baieriſchen und oberpfälzi-
ſchen Dialekte. Er thuet kumma. Er
kömmt. J that iehm gern helfen. Ich
würde ihm gerne helfen.

Dieſe wenigen Bemerkungen ſind hinlänglich, dem Niel deutſchen von der Ausſprache
und Wortfügung der baieriſchen und ober-
pfälziſchen Mundart den nöthigen Begriff
zu verſchaffen.

Jdi-

Idiotikon.

A.

Abbrandler. Ein Mann, deſſen Haus
abgebrannt iſt.

Abendjauſe. Abendbrod. Eine kleine A-
bendmahlzeit.

Aber wird oft für oder gebraucht. J
aber du. Ich oder du.

Abkappen (einem). Einem derb ant-
worten.

Abkas. Ungünſtig, abgeneigt.

Abketzern. Etwas in geſchmolzener Butter röſten.

Ablahrn. Abladen.

Abtaafeln. Abprügeln.

S' Abweichen. Der Durchlauf, Durch-
bruch.

Achezen. Aechzen, ſeufzen.

Ackn. Zanken. In der obern Pfalz. Vielleicht von Hacken, Hauen.

Aehnl.

Aehnl. Anherr, Großvater.

Abnl. Großmutter.

S' Aftrige. Das Aftergetreid, der Ab-
fall vom Getreide. In der obern Pfalz.

Ab. Auch.

Abfli. Schwürig.

Ahnti Unwillig. Vermuthlich von Ahn-
den.

Albern. Eine Art von Weiden. Populus.

Alm. Alpen.

Allm. Allemale, allzeit.

Amen. Es is so wahr als Amen. Es
ist gewiß wahr.

Ammel. Amme.

Amperl. Lampe.

Amtmann heißt in Baiern und in der obern
Pfalz so viel als Scherge, Gerichtsdiener. In der vielfachen Zahl Amt-
leute. Oberamtmann heißt aber so viel
als Oberbeamter, erste Obrigkeit eines
gewissen Distrikts auf dem Lande.

Anderschen. Mit Schußern, das ist, mit
steinernen Kügelchen spielen. Ein Kinder-
spiel.

Anfrimmen. Bestellen. Sich ein Kleid
anfrimmen.

Anführen wird oft für Betrügen gebraucht.

Angel. Stachel der Bienen, Wespen c.

Angnommene Weis. Eine unanständige
Gewohnheit in Tragung des Körpers.

An-

Anlangen. Eine Bittschrift überreichen.

Anlegen. Ankleiden.

Anstrich. Schminke.

Antlas.. Frohnleichnamsfest.

Antn. Ente. Dänisch And.

Anwerden. Verschwenden. Anwehrer. Verschwender.

Appel. Diminutiv von Appollonia.

Arb. Klammer.

Arbes. Erbsen. Da Teufl hod auf iehm Arbes troschen. Der Teufel hat auf ihm Erbsen gedroschen. Er ist pockengrubig.

Arschkrapfen. Stockschläge auf den Hintern. Eine Soldatenstrafe.

Arschling. Rückwärts.

Asperln. Eine Art von Mispeln.

Aufbacheln, aufpappln (ein schwächliches Kind.) Sorgfältig warten.

Auf Egydi. Niemals.

Aufdaumen, aufdamien (einem) 'Einem ernstlich begegnen, einem viele Hindernisse in den Weg legen. Vielleicht vom Brettspiele (Damenspiele) entlehnt. Vielleicht auch vom Daume.

Auffi. Hinauf.

Aufführen (einen). Einen zum erstenmale bey Jemand vorführen.

Aufgschnipft. Einer, der empfindlich ist, sich leicht für beleidigt hält.

Aufgehen lassen. Grossen Aufwand machen.

Auf

Aufkindeln. Am Feſte der unſchuldigen Kinder iſt die Gewohnheit, daß derjenige vom Geſinde, welcher am früheſten erwacht, den übrigen, die noch ſchlafen, die Rutze giebt, worüber dann natürlicher Weiſe viel Gelächter entſteht, und dem Aufkindler oder der Aufkindlerinn Bier oder Brantwein bezahlt werden muß.

Aufliegen (ſich). Sich wund liegen. Von Kranken.

Aufmachen. Muſik machen. Auch ſo viel als: etwas eröffnen, z. B. ein Zimmer, einen Brief.

Aufſagn. Aufkünden, z. B. die Miethe.

Aufſitzen (einem). Einen mit Nachdruck verfolgen.

Ausahntern (einen). Die Geberden oder die Sprache eines andern Spottweiſe nachmachen. Von ähnlich.

Ausgampern (ſich). Wacker umherſpringen. Vom italiäniſchen gamba.

Ausgreinen. Auszanken.

Auskegeln. Den Fuß auskegeln. Den Fuß verrenken. Den Hintern auskegeln. Sterben.

Ausmachen. Auszanken.

Ausnichten. Auszanken, ſchelten. Er hod mi ausgnicht. In der obern Pfalz.

Auspaucken. Stäupen.

Auspicht. Von innen mit Pech überronnen. Er hod an auspichten Magn.

Er

Er hat einen Magen, der an viel Essen
und Trinken schon gewöhnt ist, und
dem so leicht nichts schadet.

Ausrichten (etwas). Eine Bothschaft bringen. Einen ausrichten. Einem Bö-
ses nachreden.

Außi. Hinaus.

Ausstehen. Einen ausstehen können.
Einem geneigt seyn.

Austrägler. Tagelöhner auf dem Lande,
die nur eine Hütte ohne Acker besitzen.
Man nennt auch diejenigen Bauersleute
so, welche ihr Gut einem andern durch
Vertrag überlassen, und sich dafür eine
Wohnung im Hause nebst andern Vor-
theilen bedingen. Man sagt von dergleichen Leuten, daß sie im Ausnahm
oder Austrag sind.

B.

Baberl. Diminutiv von Bárbará.

Bachen. Backen.

Bäck für Bäcker. B-ym Bäcka! heißt
Spöttweise so viel als: Bilde dirs ein!
Es wird doch nichts aus der Sache!

Bahmen (sich). Sich groß machen, sich
aufbäumen. Si außi bahmen. Sich
                                            aus

aus dem Staube machen, heimlich davongehen.

Bahmer, Bahma. Baumann, der erste Knecht bey einer Landwirthschaft.

Baindlkrammer. (Beinkrämer) Ein magerer Mensch.

Bald wird oft für wenn gebraucht. Bald i will, und nacha erst, wann i mog. D. i. Wenn ich will, und auch dann erst, wenn ich mag, oder: Ich bin nicht schuldig, es zu thun.

Barchet. Er versteht n' Barchet. Er versteht die Sache.

A Barn. Eine Krippe.

Bartl. Bartholomäus. Das Diminutiv.

Bartwisch. Handstaubbesen.

Batzen. Er hod brav Batzen. Er hat brav Geld.

Becht. Körper. In der obern Pfalz.

Beckeln. Immer kränklicht seyn.

Beduft. Traurig, niedergeschlagen.

Beiten. Mit der Foderung zuwarten. Holländisch beyden.

Beluchsen. Betrügen.

S' Besez. Einfassung des Hembds am Halse und an der Hand. Herr Nicolai wünscht mit Recht, daß dieses Wort ins Hochdeutsche aufgenommen werde.

Da Betha. Der Rosenkranz.

Bethnoppel. Bethschwester.

Be-

Betrübt. Beseſſen. Energumenus.

Beuſchel. Beuſche, Charpie. Auch ſo
viel als das gekochte Eingeweide eines
Fiſches.

Beuteln. Bey den Haaren ziehen oder
rütteln.

Bierzapfler. Bierwirth, welcher das Bier
von den Bräuern in Fäßern abnimmt,
und Maaßweiſe verkauft.

S'Bieſel. Einfaſſung des Hembs an der
Hand. Sieh Beieß.

Bindband. Angebinde. Geſchenk zum
Namens- oder Geburtstage.

Binder. Ein Botticher.

Binkel. Eine Beule. a Binkerl Stroh
für: Bindlein Stroh.

A Biſſel. Ein wenig.

Bläbeln. Bläulicht färbeln. Blow. Blau.

A Blachen. Ein grobes über einen Wagen
ausgeſpanntes Tuch.

Blick. Si hod an falſchen Blick. Sie
ſchielt.

Bloda. Blatter. A dicke Bloda. Ein
dickes Weib.

Blüeh. Blüthe.

Bluembſuech. (Blumbeſuch) Viehweite,
Viehtrieb.

Bluemaſcherben. Blumentopf.

Bluetſcherg. Ein Gerichtsdiener, der die
Miſſethäter zum Gerichtsplaße führet.

Blun-

Blunzen. Eine Blutwurst. Sieß Schwoas.

Boanzig. Einzeln. In der obern Pfalz.

Bockbouini. (Bockbeinig). Hartnäckig.

Bocken. Schäckern. Weil der Bock gerne hüpft und scherzet.

Bockmon. (Bockmann) Ein Mann, welcher auf einer Sackpfeife Musik macht.

N' Bonsack zou halten. Den Hals zu-
halten, würgen. Oberpfälzisch.

Aufm Boon. Ueber eine oder zwo Treppen.
In der obern Pfalz. In Baiern heißt
dieß so viel als: im letzten Stockwerke, unterm Dache. — Jetzt hods
boon! Jetzt hat es gelungen!

Bomaila! Sachte! In der ob. Pfalz.

Bonax, ainax. Auf einem Beine hin-
kend.

Braam. Einfassung eines Kleids.

a Bradl. Ein Braten. a Brad. Fleisch
ohne Bein. Bradig so viel als fleischicht.

Brascher. Fleischicht, fett im Gesicht.

Bratzen. Pfote. Wird Schimpfweise auch
für Hand gebraucht.

Brauchen (sich). Viel Lärm machen, ungestüm seyn. Er hod sich braucht,
wie da Jackl im Toodbett, d. i. Er
hat durchaus nicht daran gewollt, er hat
sich heftig widersetzt.

B   Bräu.

Bräu. Brauer. Man spricht auch Bruy.
Brein. Brey.
Brenten. Bottich. A dicke Brenten.
   Ein dickes Weib.
Brettelrutschen. Sterben.
A Bretzen. Eine Bretzel.
Briechler. Ein Mann, der mit Leinwand
   und Käse handelt. Ein bürgerliches Ge-
   werb in Baiern.
Britschen. Einen mit den Händen auf den
   Hintern schlagen. Englisch breech,
   der Hinter.
Broad. Breit. Si broad machen.
   Sich groß machen.
Brögeln. Aufbrögeln. Aufsieden.
Brösel. Brosamen. A Brösel. Ein we-
   nig. Bröseln. Mit den Fingern zer-
   reiben. Raus bröseln. Hübsch lang-
   sam stückweise herausziehen.
Brosotter. Ein dicker, fetter Mensch.
Brotz. Kröte.
Broud heißt in der obern Pfalz Brod,
   und Brad heißt so viel als Braut.
Brüs. Brustdrüse von einem Thiere.
Bscheidessen. Eine Portion Speisen, wel-
   che man nach einem Hochzeit- oder Tauf-
   mahle den Hausgenossen der Gäste nach
   Hause schickt.

Bschlach-

Bschlachten. Das Ufer mit Pfählen gegen den Ausbruch des Stromms ver-
wahren.

Bstand. Miethe. Bständner. Miether.

Buckel wird durchaus für Rücken gebraucht.

Bue, oder im Oberpfälzischen Bou (Bub).
So nennt man alle ledigen Pursche,
wenn sie auch einige dreyßig Jahre alt
sind.

Büschl. Das Geschenk, welches die Gevatte-
rinn der Kindbetterinn macht. In der
obern Pfalz.

Bunzet. Dick und klein. Untersetzt.

A Buschen Ein Strauß von Blumen
oder Federn. Auch Büschel.

A Busserl. Ein Kuß.

Buttanockerln. Mit Butter abgetriebene
Mehlklösse.

Buzzelkoub. In der vielfachen Zahl Bu-
zzelkeyh. Tannenzapfen. In der obern
Pfalz.

C.

Caminkehrer. Schorsteinfeger.

Carifiol. Blumenkohl.

Carminadel. Carbonade. Cotelettes.

Car-

Cartandl. Eine Schachtel von Papende-
ckel.

Cathl, Catherl. Diminutivum von Ca-
tharina. S' laufend Catherl heißt
so viel als der Durchlauf.

Centner. Centen.

Zum Codica. Als ob er sagen wollte.
Vielleicht vom Venetianischen co diga,
come se dicesse. Oder vom Latei-
nischen quo dicat.

Commodkasten. Eine Commode.

Coram nobis nehmen. Einen zur Re-
chenschaft ziehen, strafen.

D.

Dähmen. Dämpfen, stillen. Es dähmt.
So sagt man vom Geruche, den feuch-
te Mauern in einem Zimmer oder Keller
von sich geben.

Dahcherl. Dohle. Auch für Regenschirm,
von Dach.

A Dachtel. Eine Ohrfeige.

A Dampae. Ein Rausch.

Dant-

Dantſchi. Artig, nieblich. Engliſch Daintily.

A Darm. Eine magere Perſon.

Daußen. Außen.

Dechl. Schweinmaſtung.

Dengeln (eine Senſe). Schärfen.

Derliten (etwas). Einen Reit zu etwas bekommen.

A Dicket. Ein dichtes Gebüſch.

A Dioloapp. Eine Art von groſſen Körben. Auch ſo viel als ein ungeſchickter Menſch.

Diendl. Mädchen, von Dirne.

A Docken. Eine Puppe.

Dod, in der obern Pfalz Doud. Pathe.

Doda. Dotter vom Ey.

Dörr. Eine Krankheit der Vögel, wenn ihnen am Steiße ein kleines Blätterchen mit Eiter auffährt.

Dößl Ding. Dieſes Ding. Iſt im baieriſchen Walde gebräuchlich. So auch dößl Haus ꝛc.

Döt. Ihr. In der obern Pfalz.

Doppeln. Schuhe doppeln für beſohlen.

Doren. Donnern. In der obern Pfalz. Da Dorer. Der Donner.

Dreinzechen. Ernſtlich abhelfen.

Drenten. Jenſeits.

Drey-

Dreyßigſt. Die Seelenmeſſe am dreyßig-
ſten Tage nach dem Tode. Dieſe Meſ-
ſen ſind auf dem Lande üblich und es
wird ſelten vor dieſer Meſſe das Vermögen des Verſtorbenen dem Erben ein-
gehändigt.

Dröſcherl. Droſſel. Eine Art von Vögeln.

Druy. Drey. Wird ſelten gehört.

Duchetzen. Dutzen. Einen mit Du anre-
ben.

Ducken (ſich). Bücken, neigen.

Dudelſack. Sackpfeife.

Dudern. Stottern.

Dult. Jahrmarkt. Von Indultum.

Dummelitzen. Fluchen. In der obern
Pfalz.

Dumper. Etwas finſter, wie in der Abend-
dämmerung. Auch ſo viel als Dumpf.

Dunder. Donner. Du dunderſchlach-
tiger Hund! Du, der du werth wäreſt,
vom Donner erſchlagen zu werden!

Dunſen, dunzen. Ein wenig ſchwitzen,
ausdünſten.

Durchlaſſen (einen). Vexiren, ſpotten.

Duſen. Schlummern. Engliſch to doze.

Dutten. Brüſte.

E.

Eiger. Bohrer.

Einbrennſuppe. Gebrannte Mehlſuppe. Auch Brennſuppe.

Eini, einchi. Hinein. Geh' einchi.

Einfangen. Umzäunen. Auch ſo viel als: Gefangen nehmen.

Einfechſen (vom Getreide). In die Scheune bringen.

Einſtuppen. Beſtreuen.

Emmer. Eimer.

Enk. Euch. Enka. Euer.

Enten. Jenſeits. Entumi. Jenſeits hinum.

Enteriſch. Sehr groß, ſchrecklich groß. Ein Entkerl. Ein Kerl von ungeheurer Gröſſe.

Eppas. Etwas. Eppa. Etwa.

Erchtag. Dienſtag.

Ertattern. Vor Furcht zittern.

Oan erzen. Einen mit Er anreden.

Eu. Euch.

Eyziwohl na. Ey ja wohl nicht. Im baieriſchen Walde. In Sachſen: Hat ſich wohl nicht.

F.

F.

Fachſen. Spaſſe. Ein Fachſenmacher. Ein Spaßmacher.

Fahrniß. Fahrende Habe.

Faiſt, foaſt. Fett.

Fankerl. Der Teufel.

Faſch. Klein gehacktes Fleiſch von Hühnern oder Tauben.

Faſching. Faſtnacht, Faßnacht.

Faſelnacket. Ganz nackt. Von Faſen,
gebähren.

Faßnacht halten. In der obern Pfalz
ſtehen die Bauern am Faſtnachtmondtage
um Mitternacht auf, trinken mit ihrem
Geſinde Brantwein, eſſen Würſte und
machen zugleich Strohbänder für die
künftige Ernte.

Farſchen. Eine Binde. Von Faſcia. Daher ein Farſchenkind, Wickelkind.

Faul ſeyn für: ſchläfrig ſeyn.

Faullenzen. Müßig gehen.

Faum, Faam. Schaum z. E. vom Bier.

Faunzen. Ohrfeige. Einem a Faunzen
fangen.

Favor. Ein Strauß von Gold- oder Sil-
berbrat mit falſchen Edelſteinen beſetzt,
welchen die Studenten auf dem Hute
wie

wie eine Cocarde zu tragen pflegen, wenn sie in einem Kloster aufgenommen sind. Die letzte Sylbe wird lang ausgespro- chen.

Faustdick. Er hads faustdick hintern Ohren. Er ist verschlagen, schlau.

Feichtenholz für Fichtenholz.

D' Feigen zoagen. Jemand den Daumen stecken. Far la fica.

Feigerl. Veilchen.

Feinli. Stark, viel. Nöt gar feinli. Nicht sehr.

S' feiselt. Es regnet ganz dünne.

Felber. Eine Art von Weiden.

Ferchenholz. Föhrenholz.

Ferten. Im vorigen Jahr.

Fezen. Lumpen.

A Feuerhund. Eine eiserne Stange mit vier Füssen, um das Holz auf dem Herde darauf zu legen.

Feuriger Mon (Mann). Irrwisch.

Fiseln. Nagen. Ein Bein abfiseln. (Von Fasern).

Fisolen. Grüne Bohnen.

Flacken. Unanständig liegen.

Flausen. Leere Einbildungen.

Flechten. Geh , laß da flechten! Geh weiter mit deinem Geschwätze!

D' Fleck. Die Masern.

Fleh-

Flehnen. Weinen. Vielleicht von Flehen.

Flerſchmaul! Junger Laffe!

S' Fletz. Der äußere Gang in jedem Stockwerke, ehe man zu den Zimmern kommt.

Flientſcheln. Hohnlächeln.

Flüg. Ein Flügel, eine Art von Clavier.

Fragner. Kleinkrämer, welcher Salz in minuto, Schwefelhölzchen u. d. gl. verkauft.

Fraßſack. Ein gefräßiger Menſch.

Fratſcheln. Ausfragen. Herr fratſchl mi, ſagen die Bauernpurſche vor der Beicht zu dem Prieſter, das iſt, Herr, frage mich aus, was ich geſündigt habe.

A Fratz. Ein kindiſcher Menſch. Ein Kind.

Frauenbildmoidl. Bey der Frohnleichnamsprozeßion in der obern Pfalz tragen ſechs Mädchen im ländlichen Putze ein Marienbild und ſingen dabey geiſtliche Lieder. Wem fällt hier nicht das ſchöne Gedichtchen von Hölty auf dieſen Gegenſtand bey?

Fraula. In der obern Pfalz ſo viel als Ahnfrau, Großmutter.

Frerer. Fieber.

Freythof. Kirchhof. Vermuthlich von Freyort, aſylum.

Frueh-

Si frötten. Kümmerlich wirthschaften.

Fruchttrager. Ein Mann, der mit ausländischen Früchten z. B. Pomeranzen, Citronen handelt. Ein bürgerliches Gewerbe in München.

Fruehmesser. Ein Priester, der in der Frühe die erste Messe liest.

Fuchsschwanz. Schmeichler. Fuchsschwänzen. Schmeicheln. Fuchswild. Sehr aufgebracht.

Fuchteln. Einen mit dem Degen schlagen; eine Militärstrafe. Olte Fuchtel! Ein Schimpfwort auf ein altes Weib.

Füeß. Er hod si auf die hintern Füeß gstellt. Er hat sich in Vertheidigungsstand gesetzt.

Füri, fürchi. Hervor.

Fürta, fürtuch. Ein Schurz.

Fusel. Brantwein. Wird selten gebraucht.

G.

Gaden. Stockwerk.

Gahbisch. Verkehrt, nicht passend. A gahbische Antwort.

Gahwind. Vom Winde zusammengehäufter Schnee.

Gai.

Gai. Gehen. Ins Gai gehen, wird von Metzgern gesagt, wenn sie auf das Land hinausgehen, um Vieh zu kaufen. Einem ins Gai gehen heißt so viel als: mit der Geliebten eines andern einen vertraulichen Umgang pflegen.

Gard. Auf der Gard seyn. Umherva= giren.

Gasen. Essen. Host schon gast? Hast du schon gegessen? In Oberbaiern in der Gegend von Grafing.

Gatzen, gagazen. Stammeln.

Gaufeln. In seinen Verrichtungen zu sehr eilen.

Gaumetzen. Gähnen. Gemeiniglich sagt man: s'Maul aufreißen.

Gebnacht. Das Dreykönigfest. An die= sem Tage rufen die armen Mädchen gleich in der Frühe den Leuten, die ihnen auf der Straße begegnen, zu: Gebnacht, und s' neu Jahr, auf drey Jahr! Vermuthlich eine Anspielung auf die drey Gaben (Opfer) der morgenlän= dischen Weisen. Die armen Knaben hin= gegen laufen am Neujahrstage in der Frühe umher, und rufen: Glückseligs neus Jahr, und a Christkindl im krausten (krausen) Haar!

Wos host, wos geist. Eilig, schnell. Er is daher gloffa, wos host, wos geist.

geist. Er ist in 'größter Eile dahergelaufen. Vielleicht so viel als: so hastig, wie ein Geist.

Geist für: giebst. Eine alte Abwandlung. Wie theuer geist es? Wird häufig auf dem Markte zu München gehört.

Gelitten. Geläutet, geschellt.

Gelstern. Stark und oft husten. In der obern Pfalz.

Gelts Gott! So sagen die Bettler, wenn man ihnen Almosen giebt. Vergelt' es Gott.

Geng as! Gehen Sie!

D' Gerben. Die Hefen. Gerbensieder. Hefensieder.

Gern haben (einen). Einen lieben.

Gesas Marga! Jesus Maria! In der obern Pfalz.

Gest, Ges. Schaum. In der ob. Pfalz.

Geust für: giebst. Sieh geist.

Gstraß. Allerley schlechtes Zeug.

Gfriß. Ein häßliches Gesicht.

Ghack. Klein gehacktes Fleisch.

Ghoassen. Geheissen, versprochen. Man findet dieses Zeitwort in den ältesten Urkunden. Noch sagt der Baier: Er hod miers ghoassen.

Gjoadamt. Jagdamt.

Gickas. Brantwein.

Er

Er woas nôt, is o' gick oder gack. Er
versteht nichts davon.

Giftig. Zornig.

Gipsmelber. Ein Mann, der mit gemah-
lenem Gipse handelt. Ein bürgerliches
Gewerbe.

A Glachel. Ein ungeschickter Kerl.

Glatt heißt so viel als platt oder simpel.
Bruder Glattweg. Ein Mensch, der
keine Complimente macht.

Glaßkopf. Kahlkopf.

Gleber. Zart. Ein gleberer Mensch.
Vielleicht von glaber, unbehaart.

Gleger. Weinhefen.

Glenk. Behend, geschickt, adroit.

Gluzen, glugezen. (die Mittelsylbe kurz)
Wird vom klopfenden Schmerzen eines
Geschwüres gesagt.

Gnaack. Nacken.

Gnaden. Der Titel Euer Gnaden wird
nicht nur dem adelichen Frauenzimmer,
sondern vom gemeinen Manne auch allen
Herren von, allen Räthen, Prälaten,
Offiziers, Cavaliers gegeben. Der
Mittelstand entledigt sich allgemach dieser für ihn erniedrigenden Titulatur gegen vornehmere, und ahmt hierinn den
Sachsen nach; welche den Mann nach
der Würde nennen, die ihm Geburt oder
die Gnade des Fürsten gegeben hat.

Gnâ

Gnä Frau, gnä Herr! Abgekürzt von
  gnädig.
Gneißen. Etwas verborgenes merken,
  wahrnehmen, den Lunten riechen.
Goar. Gar. In der obern Pfalz.
Goas. Ziege, Geis.
Gockl. Hahn. Von Coq. D' Gockl-
  hahn schlagen. Ein Hochzeitgebrauch
  in der obern Pfalz. Ein lebendiger
  Hahn wird in einen Topf gesteckt. Man
  läßt nur so viel Oeffnung, daß der Hahn
  den Kopf herausstrecken kann. Nun
  werden einem aus den ledigen Hochzeit-
  gästen die Augen verbunden. Dann
  muß er mit einem Stocke so lange schlagen, bis er den Hahn auf den Kopf
  trift. Der Topf ist aber vor den Streichen gesichert. Eben dieser Gebrauch ist
  in Baiern bey dem sogenannten Kin-
  dergregori.
Göth. Pathe. Godl. Pathinn.
Goglhopf. Eine Art von Kuchen.
Goblicht. Unschlittkerze. In der obern
  Pfalz.
Goller. Ein Halskragen von Bauerswei-
  bern.
Goldener Tag. Der erste Tag nach der
  Hochzeit.
Goschen. Ein Schimpfwort für: Maul.
  Oan auf d' Goschen schlagen. Einen
                                    auf

auf das Maul schlagen. A Goschen geben. Eine Ohrfeige geben.

Gouda Mouth. Das Mahl bey der Kinds-taufe. So viel als: Guter Muth. In der obern Pfalz.

Góya. Gertrud. In der obern Pfalz.

Grab. Da Tod is ma übers Grab gloffa. Der Tod ist mir über das Grab gelaufen. Es ist mir ein gählinges Schaudern über den Leib gelaufen.

Grad so mein. Es ist eben so gut.

Grahb. Grau. Es grahblt. Es riecht nach Feuchtigkeit. Wird von verschlossenen Zimmern und andern Sachen gesagt, die nicht genug trocken sind, und daher einen unangenehmen Geruch von sich geben.

Grahniz. Gränze.

Grahppi seyn. So sagt man von klei-nen Kindern, wenn sie anfangen, mun-ter zu werden, und mit den Leuten zu scherzen. Vielleicht von Krabbeln.

Gralles. Eine Mahlzeit. In der obern Pfalz.

Granawitvogel. S. Kronawitvogel.

Granti machen (sich). Sich groß machen.

Gregori. Eine jährliche öffentliche Lust-barkeit für Schulkinder, welche sich auf verschiedene Art maskiren, und in einem Garten mit ihrem Lehrer und ihren Ver-wandten belustigen.

Grei-

Greinen. Zanken.

Zwischen da Gridl. Zwischen den Beinen. Vom Reiten.

Grina. Weinen. Host mehr grina? Hast du schon wieder geweint? In der obern Pfalz. Vielleicht vom altenRinen, klagen.

Grind für: Kopf. Ein Schimpfwort. J wirf da s' Buech an Grind. Ich werfe dir das Buch an den Kopf.

Grips. Die Influenza, rußische Krankheit.

Groicken. Der Schleim in den Augenwinkeln.

Grollen. Weinen.

Grolzen, grolpezen. Rülpsen.

Gronen. Mürrisch seyn. A Gronickl. Ein Murrkopf.

Grueppet. Pockennarbig.

Grundel. Schmerle. Ein Fisch.

Grundhold. Grundunterthan.

Gruselgelb. Wird von einem Menschen gesagt, der sehr gelb aussieht. Von Grausen.

Gscherr. Lärm.

Gschlirri. Näschig.

Gschlingi. Schlank.

Gschmach. Schmackhaft.

Gschnappi. Schnippisch.

C   Gschoßl,

Gschoßl. Von Schuß. Ein Mädchen, das einen Streich hat.

Gschreckt, gschupft, gstroacht. Ange-schossen, unterm Hut nicht richtig.

Gsessen. J bin drum gsessen. Ich bin darum gesessen, das ist, ich bin ja hier zu Hause, und man hat sich um die Bezahlung nicht zu bekümmern. Man sagt auch Hausgesessen. Ein altes Wort.

S' Gsimps oan abkehrn. Einen d. b abprügeln. In der obern Pfalz.

Guckahnl. Urgroßmutter.

Gucken. Dütte.

Gueta kama! Willkommen! Im Ober-lande.

Gugl. Ein schwarzer tücherer Mantel mit einer Kapuze, worein sich bey adelichen Leichenbegängnissen die nächsten Anver-wandten männlichen Geschlechtes kleiden. Von Cucullus.

Gumpen. Pumpen, schöpfen. Daher Gumpbrunnen.

Gurn. Ein schlechtes Pferd. Eine Mähre.

Guzerl. Ein kleines Fenster.

Gwalt. Dós is a Gwalt! Ein Aufruf der Verwunderung.

Gwen. Gewesen.

Gwölb. Kaufmannsladen.

Gwunschen. Gewünscht.

H.

H.

Haan? Was sagst du? Haans? Was
sagen Sie? Haanz? Was sagt ihr!
— Haan wird auch für Sind gebraucht.
Dö haans. Diese sind es.

Haar. J hob a Haar drin gfunden.
Es hat mir nicht gut bekommen. Haar
heißt auch so viel als Flachs.

Habseligkeit. Fahrende Habe.

Hachel. Ungeschickter Kerl.

Hadern. Lumpen.

Hafen. Topf. Hafner. Töpfer. Ha-
fenbinder. Der die zersprungenen Tö-
pfe mit Drath zusammen heftet, und
befestiget.

Habl. Schlüpfrig. Hablitzen. Ausglei-
ten.

Haickli, hoackli. Heickel, delikat.

Hainzl, Hoanzl. Nachbier.

S' Halml durchs Maul streichen.
Schmeicheln.

Hansel. Ein kleiner Reifrock.

Hanti. Bitter.

Hantschabier. Gutes weisses Bier in
kleinen Fäßern. Diese Fäßer nennt
man wegen ihrer Kleinheit Hantscha
(Handschuhe). Sie halten etwa 30
Maaß.

Harb,

Harb', herb, Sauer.

Hargedi! Ein Ausruf der Verwunderung. Herr Gott! In der obern Pfalz.

Hasenöhrln. Dünne, spitzige Kuchen.

Hauchet gehen. Gebeugt gehen.

Häusel. Abtritt, geheimes Gemach.

Hausen. Stör, ein Fisch.

Haxen. Bein, Fuß.

Hebmahl. Sobald bey einem neuen Bau der Dachstuhl aufgesetzt ist, muß der Hausvater den Arbeitern eine Mahlzeit geben, wobey auch getanzt wird.

Hechtengesund. Vollkommen gesund.

Bey da Heck seyn. Gleich dabey seyn.

Hedl, Hepperl. Eine Ziege. In der obern Pfalz.

Heideln. Schlummern. Wird nur von Kindern gebraucht.

A' Heißerl. Ein Füllen, ein junges Pferd.

Hemmetbieseln. Besetze an den Hemden. Sieh Besetz.

Hennasteigen. Hühnerstall. J hôd bald a schwarze Henna verlobt. So sagt man, wenn Jemand lange aussen bleibt. Hendl, ein Huhn.

Herenten. Dießseits.

Herrla. Anherr. In der ob. Pfalz.

Hetschen. Junge Kröten. Sich hetschen. Sich schauckeln.

Da

Da Hetscher. Schluckser, Schluckauf. In
der ob. Pfalz. Sieh Schnackler.

Hetschepetsch. Hambutten. Man nennt
sie auch Arschkritzeln, gratte - cu.

A Heugeigen. Ein langes Weibsbild.

Heustoß. Ein Haufen Heu.

Hienen. Weinen, heulen. Da Hund
hient. Der Hund heult.

Hiesel. Diminut. von Mathias. Auch so
viel als ein ungeschickter Mensch. Hie-
seln. Zum Besten haben.

Himmelitzen. Blitzen.

Himmelring. Regenbogen. Himmelschüt-
serl. Ein sogenanntes Regenbogen-
schüsselchen.

Hinbeten (einen). Einem Sterbenden
vorbeten.

Hindingerinn. Ein Weib, welches dienst-
losen Mädchen wieder zu Diensten ver-
hilft.

S' Hinfallet. Die fallende Sucht.

Hinz. Bis. Hinz Ostern. Bis Ostern.
Hinz i kumm. Bis ich komme. Wird
auch in alten Diplomen gefunden.

Hoamgarten. Abendbesuch. In Hoamgarten kumma. Jemanden Abends
besuchen.

Hoamsuechen. Heimsuchen, besuchen.

Hoamli. Zahm, heimisch.

Hochzeiter. Bräutigam.

Hod.

Hod. Hat. Kummt alles aufs höchſt,
hod da Bedlmon gſagt, haan iehm
d' Läus aufm Huet rumkrocha. Es
kömmt alles aufs höchſte, ſagte der Bet-
telmann, als er ſah, daß ihm die Läu-
ſe auf dem Hut herumkrochen. Wird
geſagt, wenn ein unbedeutender Menſch
einen hohen Poſten erhält.

Holler. Hollunder. Hollarizl. Gekochte
Hollunderbeeren.

Hollippen. Eine Art länglicht runder Ob-
laten.

Si hod Holz bey da Herba. (Das Mädchen hat Holz bey der Herberge). Sie
hat einen vollen Buſen.

Horax dax, nimms bey da Hax! Ein
Ermunterungsſpruch der Landpurſche
beym Tanze.

Hubern. Hoboe.

Huech. Eine Art Forelle.

Hüendarm. Gänſekraut. Auch Henna-
darm.

Mier hüet da Hüeta recht. Mir hütet
der Hirt recht. Mir gilt alles gleich.

Hundsſuff. Ein kleiner Rauſch, wenn einer ſolito lætior iſt.

Huzeln. Gedörrte Birnen.

Huzen gehn. Einen Beſuch machen, in
Geſellſchaft gehen. In der ob. Pfalz.

J.

J.

Da Jakob will an todten Mon hobn. Um Jakobi muß Jemand eines gewaltsamen Tods sterben. Ein abergläubischer Wahn in der obern Pfalz.

Jauner. Strassenräuber.

Jehm. Ihm. Jehna. Ihnen.

Jexen. Achseln.

Jmp. Bien'. An Jmp heißt auch so viel als: ein Bienenschwarm.

Jngeräusch, oder Jngwoad. Eingeweide.

Jnmann, in der vielf Zahl Jnleute. Einwohner in einem Hause.

Jnnen. Jnnerhalb.

Jna. Uns. Von ins rein. Von uns herein, auf dem Lande gebürtig, weil man dort ins für uns spricht.

Jo heißt nicht so viel als ja, sondern so viel als ja freylich. Z. E. Du bist gewiß nicht dort gewesen. Antwort: Jo. Es bezeichnet also eine Betheuerung, und sagt mehr als ja.

A Joppen. Eine Jacke. Ein schlechter Kittel.

Juchezen. Jauchzen.

S' Junge von der Gans, oder von der Anten. Kopf, Flügel, Leber, Magen,

gen, und Füße von einer Gans oder
Ente, welche auch besonders ohne den
übrigen Körper verkauft werden.

K.

Kaas. Käs. Kaaskasler. Käsekrämer.
Kaasig aussehen. Bleich seyn.
Kachezen, kakezen. Oft husten. Viel-
leicht von Kache .isch.
Kaipeta. Wenn in der obern Pfalz eine
Kuh ein Kalb wirft, so nimmt man die
erste Milch, welche sehr zäh ist, und
bäckt sie mit wenig Mehl vermischt zu
einem Pfannkuchen, welchen die Dienst-
boten verzehren. Dieser Kuchen heißt
Kaipeta, Kuhpeter.
Kaübl. Kalb. Kailblnarrisch. Kindisch.
Kälbaweil. Die Zeit von Lichtmeß bis
zur Fastnacht, wo die Ehehalten auf dem
Lande dienstfrey sind. Vermuthlich von
Kälbern, scherzen wie die Kälber.
Kalfakter. Ein Müßiggänger, Pflaster-
treter, galopin.
Kampel. Kamm. Kampeln. Kämmen,
auch einen ausschelten.

Dich-

Dichten, wie da Karpf im Vogelhaus.
, Nachdenklich seyn.

Kasten. Schrank.

Da Kaz d' Schelln anhenka. Eine üble
Nachricht hinterbringen.

D' Kaz fallt auf die alten Füeß. Es
wird dadurch nichts geändert.

Kaufen. Bellen.

Keyen. Werfen. Wegkeyen. Wegwer-
fen. Wos keyd mi döß? Was geht
mich dieß an?

Keif. Stark. Keif zuschlagen.

Kenten, ankenten. Anzünden. Einken-
ten. Einheizen. Dós Zimmer is nöt
zum kenden. Dieses Zimmer ist schwer
zu heizen. Englisch to kindle.

Kerschen. Kirschen.

Kerzlerinn. Ein Weib, welches in der
Kirche Wachskerzchen verkauft.

Kienzel. Ein fettes Kinn.

Kimmerl. Liebling.

Kinazeln. Die Kindersprache nachahmen.
In der obern Pfalz.

Kinsen. Die Ritze, oder Furchen in den
Händen der Bauern. In der ob. Pfalz.

Kirren. Stark schreyen.

Kirta. Kirchweihfest.

Klag. Trauer, auch Leichbegängniß.

Klagfeuer. Rothlauf.

Klam-

Klamperl anhenken (einem). Eines Menschen spotten.

Klaubauf. Sieh Wauwau.

Kläubeln. Von Klauben. Nur wenig von den Speisen genießen, keinen Appetit haben.

Klausner. Einsidler.

Klecken. Zureichend seyn.

Kletzen. Getrocknete Birnen. Sieh Hutzeln.

Klieben. Spalten.

Klitzen. Glänzen. In der ob. Pfalz.

Klobvieh. Darunter versteht man Ochsen, Kühe, Schaafe.

Klöpflsnacht. Der Abend am Donnerstage vor St. Thomas, wo arme Kinder und Lehrjungen an den Thüren ihrer Wohlthäter pochen, und singen: J klopf on, i klopf on. D' Frau hod an schön Mon. Gib ma d' Frau a Küechel z' Lohn, das i n' Herrn globt hon. Küechel raus, Küechel raus, oder i schlog a Loch ins Haus. Das heißt: Ich klopfe an. Die Frau hat einen schönen Mann. Die Frau gebe mir einen Kuchen zum Lohn, daß ich den Herrn gelobt habe. Einen Kuchen heraus, oder ich schlage ein Loch ins Haus.

Klu

Klufen. Stecknadeln.

Knapp. Eng. Wird von der Kleidung gesagt.

Knaunzen. Winseln.

Knaupen. Mit dem Kopfe nicken, ein Zeichen geben.

Kniffen. Auf dem Kopfe kratzen.

Knirrn laua. Knirren lassen, das ist, Jemanden die Finger hinter den Ohren eindrücken, und ihn schreyen machen. In der obern Pfalz.

Knocken. Sitzen.

Knödeln. Klösse. Knödelhenker. Ein fetter Wanst.

Knofler. Knoblauch.

Knopf. Knospe einer Blume. Du Knopf! Du grober Kerl!

Koannütz. A koannütza Mensch. Ein Taugenichts. So viel als: von keinem Nutzen.

S' Koderl kratzen. Am Kinne kützeln, schmeicheln.

Köhl. Kohl.

Kömma. Kommen. In den ältesten Urkunden ließt man chöma.

Kösten. Kastanien.

Kolper. Uneben, holpericht.

Kopp. Kapaun.

Koranzen. Uebel hernehmen, plagen.

Koz!

Kotz! Potz! Kotz Stral holl! Potz
Blitz! In der obern Pfalz.

Kotzen. Grobe Leinwand, grobes Tuch.

Krabbeln. Wühlen, tändelnd bewegen,
berühren. Daher Krabbig.

Krallen. Klauen. Einen krallen. Einen mit den Nägeln kratzen, verwunden.

Krapfen. Pfannkuchen.

Si kraudi macha. Groß thun. Kräu-
tasalm! Ein Ausruf der Verwunderung
in der obern Pfalz.

A Kraxen. Rückenkorb.

Kranzeljungfer. Ein Mädchen, welches
die Braut zum Altare begleitet, und bey
dieser Ceremonie ein Kränzchen auf dem
Kopfe trägt.

Kraxeln. Klettern.

Kregellen. Ungestüm seyn, lärmen.

Kreißen. Aechzen, seufzen.

Kreutz. Eine Prozeßion. Mit'n Kreutz
gehn. Mit der Prozeßion gehen. Weil
ein Crucifix voraus getragen wird.

Kreutzbrav. Sehr brav. Kreutzwohl-
auf. Sehr wohlauf, sehr lustig. Er
hod an Kreutzkopf. Er hat einen
guten Kopf.

Krigeln. Oft husten, wie die Lungensüch-
tigen.

Kröhn. Meerrettig.

Kro-

Kronawitvogel. Krametsvogel, von welchem auch der Wacholder, deſſen Beeren dieſer Vogel gerne ißt, den Name
Kronawitſtaude erhalten hat. Herr
Adelung ſucht wirklich mit zu vielem
Aufwande ſeiner Sprachkenntniß das
Wort Kronawit von grün und wood,
oder Holz herzuleiten. Es iſt weiter
nichts als eine verdorbene Ausſprache
von Krämer. Man nennt die Beeren
davon auch Krametbeer, oder Kra-
nabeer.

Kuchel. Küche.

Küechel. Ein kleiner Kuchen. Wart! i
wer diers küecheln. Warte, ich werde dir etwas beſonders machen! Wird
ſpottweiſe zu einem geſagt, der mit etwas ordinärem nicht zufrieden iſt. Küe-
chelbacher. Kuchenbecker.

Küehfenſter. Er hod s' Küehfenſta trof-
fa. Er hat den Zweck verfehlt. In
der obern Pfalz.

Küefner. Bottcher.

Kühl wird oft für leer gebraucht. A
kühle Ausred, eine kahle Entſchuldi-
gung.

Kuja, kujen. Käuen.

Kupfrig. Finnicht. Er handelt mit
Kupfer. Er iſt finnicht.

L.

L.

Lablet. Laulicht.

Lacke. Lache, trübes Wasser.

Lagl. Fischfäßchen.

Laichen (einen). Einem Schaden zufügen.

Lampel. Lamm. Da See macht Lampeln, sagt man in Oberbaiern, wenn ein See Wellen wirft.

Landfahrer. Landstreicher, Leute ohne Heimath, welche immer im Lande herumziehen. Es giebt deren viele in Baiern.

A Lang aus. Eine Kegelbahn von mehrern aneinander geschlossenen Brettern, und von einer ziemlichen Länge.

Launlen. Schlummern.

Lebzelten. Pfefferkuchen. A Lebzelter. Ein Pfefferkuchenbecker.

A Lecka anhenken (einem). Einem schaden. Junger Lecker, junger Laffe.

Leerhäusler. Tagelöhner, welche ein Häuschen ohne Acker besitzen.

Lehnrößler. Miethkutscher.

Leib kaufen. Ein Bauerngut auf Leibrecht, das ist, nur für seinen Leib, so

lange

lange man lebt, an sich kaufen. Nach
dem Tode fällt es der Herrschaft wieder
heim.

Leibstuhl. Nachtstuhl. A Leibl. Ein
Wams.

Leichbier. In der obern Pfalz pflegen die
Anverwandten des Verstorbenen denen,
die die Leiche zum Grabe begleitet haben, Bier und Brod aufzusetzen.

Leilach. Betttuch.

Leinen. Aufthauen.

Lemoni. Citrone.

Lenerl. Magdalena.

Lenzl. Diminut. von Lorenz.

Letz. Schlimm, böse. S'is letz gehen,
sagt man, wenn es schlüpfrig ist. Einem die Letz halten. Das Abschieds-
mahl halten.

Letzen (sich an einem). Sich rächen.

Letzer. Nicht genug ausgebacken.

Leutselig. Ein leutseliger Ort. Ein volk-
reicher Ort.

Liendl. Leonhard. Wird auch von jedem
einfältigen Menschen gebraucht.

Lind. Weich. Linde Oar. Weich ge-
sottene Eyer. Linda Polster, linds
Fleisch. Von gelind.

Lippel. Diminut. von Philipp.

Lisel. Diminut. von Elisabeth.

A Load

A Load. Ein garstiges Weibsbild. (Von
Leid. Ein leidiges Gesicht.)

Loamion. Ein einfältiger, träger Mensch.
Entweder so viel als Lehne mich an,
wie im Italiänischen un lascia mi sta-
re, oder von Leim, ein leimiger Kerl.

Loderer. Handwerker, welche starke wol-
lene Zeuge verfertigen. Ein bürgerliches
Gewerbe. Lodn. Ein grobes Tuch.

Loh. Eine sumpfige Gegend. In der ob.
Pfalz.

Losen, lusen. Horchen, aufmerksam seyn.

Löffelnacht. Von Loos. Der gemeine
Mann pflegt hie und da in den Nächten vor St. Thomas, vor dem Christtage, und vor dem Dreykönigsfeste die
Zukunft durch gewisse abergläubische
Mittel, zum Beyspiele, durch Bleygies-
sen, Schuhwerfen, ꝛc. zu erforschen.
Wenn z. B. Jemand einen Schuh zwischen seinen Füssen durchwirft, und dieser mit der Vorderseite gegen die Haus-
thüre steht, so ists ein Zeichen, daß der
Mensch, der ihn geworfen hat, in diesem Jahre, auf was immer für eine Art,
aus dem Hause wegkomme u. d. gl.

Loschiren. Ein Spiel. Man sitzt in einem Kreise umher. Der Kamerad zur
rechten Seite sagt einem leise ins Ohr:

Ich

Ich schenke dir dieses oder jenes, z.
E. eine Tobacksdose; der Kamerad
zur Linken sagt ihm eben so leise ins Ohr:
Ich loschire, was man dir jezt ge-
schenkt hat, da oder dorthin, z. E.
in die Tasche. So gehts rings herum,
bis einem jeden zur Rechten die Schan-
kung und zur Linken die Logis in das
Ohr geraunt worden, worauf es jeder
laut erzählt, und weil manchmal Schan-
kung und Logis ganz wunderlich kontra-
stiren, ein lautes Gelächter entsteht.

Lous, Loys. Eine Mutterschwein.

Luck. Deckel von einem Krug.

Ludel. Ein unreines Wasser, eine Lache
auf der Straße.

Lueda, Luder. Ein Aas. Auch eine
liederliche Weibsperson.

Lue! Sieh! Da lue her! Englisch lo, lo.

A Luft, a Lüftling. Ein lockerer Mensch.

A Lützen. Lust, Reiz. Er hods der-
luzt. Er hat Geschmack daran gefunden, er kann sich nicht davon entwöh-
nen.

Lutzeln. Immer trinken.

D   M.

M.

Maaſen. Eine Narbe. **Blatermaaſig,** pockengrubig.

Mader. Mäher, Schnitter.

A Madl. Ein Mädchen. In der obern Pfalz **Moidl, Maiel.**

Mahm. Muhme, Baaſe.

Mail, Moal. Flecken im Kleide. **A Mail rausbringa.** Einen Flecken aus dem Kleide wegputzen. **Mailen.** Einen Flecken hinterlaſſen.

Maiſchgrand. Meeſchbottich.

Manteln. Allerley heimliche Streiche ſpielen. Von Bemänteln, oder von **Mäckeln.**

Mandl. Männchen.

Mannſchlächtig. Mannſüchtig. In der obern Pfalz.

Marb. Mürb.

Marillen. Aprikoſen.

Marſchellen. Morſellen.

Maßleidig. Grämlich, verdrüßlich.

Materie. Eiter, Geſchwür.

Matzet. Nicht ausgebacken. In der ob. Pfalz. Sieh **Letzet.**

Mauneln. Langſam ſeyn, zaudern. Ein **Maunſer.** Ein langweiliger Menſch.

S'Maul bern. Sich mit vielen und kecken Worten entſchuldigen. Vielleicht ſo viel

viel als: das Maul bieten, troßen.
In der obern Pfalz. Im Plattdeutschen
heißt bôrn so viel als: aufheben.

Maulaffen feil haben. Mit aufgesperrtem
Munde zuhören.

Maurachen. Morcheln.

Mausig. Si mausi machn, Gebiete-
risch seyn, sich aufthun.

Mäuscheln. Allerley kleinen Handel treiben. A Mauscherl. Ein Jude.

Meszky. Dummkopf. In der ob. Pfalz.

Mehr. Wieder. Kummas b ld mehr!
Kommen Sie bald wieder!

Meigerl. Diminut. von Margareth. In
der obern Pfalz.

Meichet. Umgekehrt. N' Strumpf in
Meicheten anhaben. In der obern
Pfalz.

Meila! Sachte! In der obern Pfalz. A
Meila. Ein brennender Kohlhaufe.
Meilabrenner. Kohlbrenner.

Mein Oad! Mein Eid! Bey meiner Treue!

Melber. Mehlverkäufer, Grießler. Es
melbelt sagt man, wenn in einer Speise
das Mehl nicht genug verkocht ist.

Mentel. Gemeine Föhre.

Meßner. Küster.

Mettenwurst. Am Christtage nach der
Metten ist bey gemeinen Leuten die Gewohnheit, sich bey Würsten und etwas

D 2   Bier

Bier lustig zu machen. Dieses nennt man die Mettenwurst essen.

S'Mies. Das Moos. Es wachst iehm s'Mies aufm Mantel. Dieß sagt man von alten Studenten.

Mili. Milch.

Ministrant. Ein Pursche, der dem Priester beym Altare dient.

Mitsamen. Miteinander.

Modl für: Model, Form.

Mögen für lieben, oder verlangen. Mögen S'mi? Lieben Sie mich?

Moos für: sumpfige Gegend, Morast.

Mooskuuh. Eine Rohrdommel. Die Baiern nennen diesen Vogel sehr charakteristisch Mooskuh, weil er seinen Schnabel in den Morast steckt, und dann einen Ton, wie eine Kuh, von sich giebt. Er ist ein Zugvogel, und gehört zur Storchenart.

Muckerl. Diminut. von Nepomuck.

A Muhlamaler. Ein Schmetterling. Vermuthlich weil diese Thierchen einen Staub, wie Mehl, von sich lassen, wenn man sie bey den Flügelchen anrührt. So sagt man im Sprüchworte: Mühlamaler, Rockenstahler, das ist: Ein Mühler ist ein Rockendieb.

A Musres. Ein Kindsbrey.

Muf-

Muftionam. Eine Art von Kinderspielen.
Einer spricht dieses Wort laut aus,
und macht eine Gebehrde oder Grimaf-
fe, welche alle übrigen nachmachen müf-
fen. Unter öfters wiederholten Muftio-
nam spricht er nun einmal: Und a fo,
wobey er wieder eine Gebehrde macht.
Wenn nun die übrigen in der Eile sie
nachmachen, so müssen sie ein Pfand
geben, und eine Buffe ausstehen.
Muffen. Anfangen übel zu riechen.
Mundmehl. Das feinste Weitzenmehl.
Munter für wach. Er is schon munter.
Er schläft nicht mehr.
A Murrn macha. Ein finsteres Gesicht
machen.
A Musch. Eine Hure. A. Müscherl.
Eine kleine Muschel.

N.

Dicka Nabl. Bauchfleisch am Ochsen.
A Naber. Bohrer. In der obern Pfalz:
Sieh Eiger.
Nachten. Gestern Abends. Nachst.
Jüngsthin.
S' Nachgjoad. Der wilde Jäger.

Na-

Nackeln. Wanken.

Nasezen, Nazzen. Schlummern. (Englisch to nap.)

Naholing. So viel Zwirn, als man auf einmal einfädeln kann.

Nahma. Wie man sagt. In der obern Pfalz.

Nanöl, Nannerl. Diminut. von Maria Anna.

Narretey. Spaß.

Naßkittel. Ein Säufer.

Naus. Hinaus. Nausstampern. Hinausjagen

Nebelreißen, sagt man, wenn der Nebel sich in einen feinen Regen auflöset. Nebelregen.

A Nellerl. Ein junges hoffärtiges Mädchen.

Neubruch. Ein Grund, welcher zum erstenmale bebauet wird.

Ninderst. Nirgends. Man findet dieses Wort in alten Diplomen. Man spricht auch nindert.

Nipferln. In kleinen Zügen trinken.

No wird für noch, und auch für nur gebraucht. Er is no nöt do. Er ist noch nicht da. Wart no! Warte nur!

Noag, Noagl. Neige.

Nöt. Nicht. In der obern Pfalz niat.

Nö-

Nöthig. S' is nöthi ums Bier. Es ist ein Gebräng um das Bier. Die Leute drängen sich zum Bierabholen.

Non! (im Nasenton). Je nun, was giebts?

Nüssig. Schlecht. A nüssiga Kerl. Ein unbedeutender Mensch.

Nueschen. Unreinlich essen, wie die Schweine.

Nuseln. Durch die Nase reben.

O.

Oana. Einer. Oan. Einem oder Einen. Oane. Eine.

Oanaweg. Doch. Von dem alten allwegen.

Oanbock. Ein sehr starkes Bier im Hofbräuhause zu München.

Oantobn. Mit Springkugeln spielen. In der obern Pfalz. Sieh Andetschen.

An Oar. Ein Ey. Oarhaber. Ein zerstoffener Pfannkuchen. In der obern Pfalz. In Baiern sagt man Mehlschmarn.

An Oas. Ein Geschwür.

Obi.

Obi. Hinab.

Obstler Obsthändler.

Ochsenfisel, Ochsenzähma. Ochsensenne.

Oes. Ihr.

Offizier. Wird auch von Civilbeamten gebraucht. Z. E Postoffizier.

Oh für auch. In der obern Pfalz. In Baiern ah. I sogs ah. Ich sage es auch. Dänisch og.

Oh Baua! Gemach! Sachte!

Ohni. Hin. Dort ohni. Dorthin. Es is nöt ohni. Es verdient Ueberlegung; es ist nicht ohne Grund.

Ohrwaschl Ohrläppchen.

Ombrell. Regenschirm. (Vom ital. Ombrello, Sonnenschirm).

D' Ordinari. Die fahrende Post.

An Ort. Fünfzehn Kreuzer. In der ob. Pfalz.

Oyn. Oheim. In der ob. Pfalz.

P.

P. ascheln. Allerley Schnitzwerke machen.

Paaz Mark, Saft.

Palier. Zimmerpalier, Aufseher über Zimmerleute. Maurerpalier, Aufseher über Mauter.

Pa-

Pams. Verächtlich für: Kind.

Panadl. Eine Suppe mit verkochter Semmel. Panata.

Pankert. Bastard, Hurenkind.

Pantschen. Schlagen. Von Kindern gebräuchlich.

A Panzen. Ein Obstfaß.

Papierer. Papiermacher.

Papotschen. Ein Art Pantoffeln, wo das Leder über die Ferse hinaufgeht.

Pappen. Laß di pappen! Geh weiter mit deiner Waare, oder mit deinem Geschwätze!

Papperl. Papagoy. Si Papperl! Sie lieber Schwätzer!

Panzen (sich). Den Leib gerade halten, oder vielmehr, den Vorderleib auswärts beugen.

Patschen. Mit den Händen klatschen. Auch so viel als: Fehlen. Er hod recht patscht. Er hat einen grossen Fehler gemacht. A Patscher. Ein plumper Mensch.

Patscherl. Eine kleine schöne Hand. Auch Pfatscherl. Gieb mir s' Patschhandl! Gieb mir die Hand! Vermuthlich von Patschen, welches in Baiern so viel heißt als: Klatschen.

Patschierli. Possierlich.

Si Patzet machen. Sich groß machen.
Sieh Mausig, Grausig.

Pavesen. Gebackene Hirnschnitte.

A Paunzen. Ein kleiner dicker Mensch.
Man sagt auch Punzen.

Pechler. Pechbrenner.

Pegern. Sterben. Wird nur von Juden
gesagt, als ob das Wort Sterben für
sie zu gut wäre.

A Peitschen. Eine Hure.

Pelzig. Erschlaffen, krampfartig.

Pemsel. Pinsel.

Pepi, Peperl. Diminut. von Joseph oder
Josepha.

Peter und Paul. Mädchenbusen. Man
pflegt den Mädchen am Peter und Paul-
feste scherzweise wie zum Namenstage
zu gratuliren.

A Petzel. Ein Lamm. In der ob. Pfalz.

Pfaid. Hemd. Pfaideil. Hemdchen.

Pfanzig. Artig.

Pfanzel. Pfannküchen.

Pfeffern. Am zweyten Weyhnachtsfeyerta-
ge kommen in der obern Pfalz die Knaben, und schlagen die Mädchen und Weiber mit einem grünen Zweige von Birken
oder Linden, den sie im Wasser frisch
erhalten haben, auf die Hände mit den
Worten: Is da Pfeffer guet? Worauf man ihnen Geld oder Aepfel schen-
ket.

ket. Die Mädchen thun eben dieß den Knaben am Neujahrstage.

Pfiff. Du woast koan Pfiff davon. Du weißt nichts davon.

Pfifferling. Koth. Auch eine Art von Erdschwämmen.

Pfinztag. Donnerstag. Vielleicht von fünf.

Pfister. Backhaus. Von Pistor.

Pflamen. Flaumfedern.

Pflärzeln. Zu sorgfältig im Putze seyn. Pflanzlerinn, ein Mädchen, das viel auf Putz hält.

Pfludern. Mit den Flügeln rauschen.

ꝏ aufen. Aus der Nase schnauben.

Pfrilln. Elritzen, eine Art gar kleiner Fische.

Pfugezen. Er pfugezt. Es bricht ihm das Lathen wider Willen aus.

Picken. Ankleben.

D' Pipen. Der Hahn am Fasse.

A Pipstückl. Ein wälsches Huhn.

Pitsche. Eine Kanne.

Pitzeln. Vor Kälte stark jücken. D' Finga pitzeln ma. In der obern Pfalz.

A Plätzen. Ein Stück, Theil von einer Sache.

A Plempel. Schlechtes Bier.

Pleschen. Mit den Händen schlagen.

Pöperl. Henkersknecht. In der ob. Pfalz.

Pö.

Pöperln. Hitzblätterchen. A pöperlets
Tuech. Ein aufgeworfenes Tuch.

A Poleren. Zettel. Z. E. Mautpoleten.
Ital. Polizza.

Pollackl. Ein geschnittenes Huhn.

A Prahkel. Das Männchen vom Hund.

Prell. Ein tiefer Ort in einem Bache,
ein Tümpfel.

Preßhaft. Krank, siech.

Priechler. Ein Leinwand- und Käsehänd-
ler. Ein bürgerliches Gewerbe.

Si progeln. Prahlen. A Progla. Ein
Prahler.

Pucha mit oan. Verdrüßlich auf einen
seyn.

Pudeln. Auf einem einzigen Brette Kegel
schieben.

A Pudel. Eine Kegelbahn mit einem einzigen Brette.

Puderwinzig. Gar klein.

Puffen. Schlagen. Puffer. Ein schlechtes Messer.

A Pummel. Ein Zuchtstier, Wucherstier.

Pummerl. Ein Spitzhund.

Pump ros. Sehr grob. Vermuthlich
von Plump.

Pumps. Augenblicklich.

Q.

Q.

Qualm. Aufwallung des Bluts. Wird nur von dem Zustande gebraucht, wenn der Kranke vor Hitze sich seiner nicht recht bewußt ist.

Quant. Vortreflich. A quanta Mon. Ein vortreflicher Mann.

Quargeln. Schreyen. A Quargl. Ein Geschrey.

Quicketzen. Zwitschern.

A Quoutsch. Ein Weibsbild, welches wie die Enten wackelt.

R.

Ra, ro. Herab. Rogehn. Herabgehen, hergehen. Geht kloan ro, hod da Fuchs gsagt, hod alle Tag a Fliegn gfangt. Es geht klein her, sagte der Fuchs, als er täglich nur eine Mücke fieng. So sagen die Baiern, wenn sie schmale Einnahme oder geringe Kost haben.

Racker. Ein Schimpfwort. So viel als Schindersknecht. Rackern. Mühsame, undankbare Arbeit verrichten.

Radi.

Radi. Rettich.

Rahben. Weiße Rüben.

Da Rahmel. Die Scharre vom Brey. Auch die Rinde von einer gebackenen Mehlspeise.

Rahnft, Rahnftl. Das Eckchen vom Brod. Der Rand bey Münzen.

Ramaten. Ein Getöse machen. Im Plattdeutschen Ramenten.

Ranen. Rothe Rüben.

A Ranken. Mageres Fleisch. Auch eine liederliche Weibsperson.

Rankeln. S. Rollen. In der ob. Pfalz.

Ranzen (sich). Sich strecken, die Glieder dehnen. A dicka Ranzen. Ein fetter Wanst.

Raß. Scharf schmeckend.

Rasten. Ruhen.

Ratschen. Schwätzen. A Ratschen. Eine Saywätzerinn. A Ratschen heißt auch das hölzerne Instrument, womit man am Chorfreytage anstatt der Glocke das Zeichen zum Gottesdienste giebt. Ratschen heißt ferner so viel, als: Schnarren, den Buchstabe R nicht aussprechen können.

Ratzenbart. Schnurrbart.

Rauchfangkehrer. Schornsteinfeger.

Raupen schneiden. Garstige Discurse führen

Regerl. Regina.   Rei

Reigieren. Es reigiert. Es spuckt.

A Reinl. Ein Bratbecken.

Reissen. Zeichnen.

Reitern. Sieben. A Reiter. Ein Sieb.

Resel. Diminut. von Theresia.

Alle Rid, Ritt. Alle Augenblicke. Sehr
oft.

A Riepel. Ein schwarzer Mensch.

Riffling. Er sieht aus, wie e' Bild
von Riffling. Schlecht, entfärbt. Ju
der obern Pfalz.

Ring. Leicht, nicht schwer. Von gering.
Dänisch ringe.

Ringler. Beindrechsler, Ringdreher, Ro-
senkranzmacher. Ein bürgerliches Gewerbe.

Roaren, Raiten. Rechnen.

Rogel. Locker. D' Husten is rogl. Der
Husten ist lebig. Es geht der Auswurf.

Rohn. Rau. A rohns Madl. Ein ra-
nes Mädchen.

A Röhrn. Eine Röhre. Er hob an er-
staunliche Röhrn. Er hat eine starke,
laute Stimme. Vielleicht von Sprach-
rohr.

Rollen, Riizen. Schäckern, mit einander
scherzen.

Rom. Si is nach Rom roast. Sie
ist nach Rom gereiset, das ist, sie ist
in

in die Wochen gekommen. Wird nur
von Mädchen, nicht von Frauen gesagt.

Rosel. Diminut. von Rosina.

Rösler. Rosenwangig.

Rosenschnitz. Blutwurst. S. Schwoas.

Roßknecht. Zerstoßener Pfannkuchen. In
der obern Pfalz. Sieh Schmarn.

A Rothtröpfel. Ein Rothkehlchen.

Rothwälsch, krautwälsch. Kauderwälsch,
unverständlich.

Rotzen. Weinen.

Ruach, Ruech. Ein Mensch, der viel
ißt. Man nennt auch die noch unexer-
cirten Soldaten so.

Rübers Kraut. Klein gehackte säuerliche
Rüben.

Rüba. Herüber.

Rugeln. Rütteln.

Rummel. Er merkt n' Rummel. Er
merkt den Spaß.

Rumpelmetten. Der heilige Gesang aus
den Propheten in der Chorwoche.

Rund. Dös is iehm z'rund. Dieß ist
über seinen Begriff.

Rundi. Schnell, geschwind.

Rupfene Leinwand. Grobe Leinwand.

Rusch. Ulmbaum, Ruster.

Rutschen. Gleiten.

Rutten. Aglraupen. Eine Art Fische.

S.

S.

Sack für Tasche. Säckler. Handschuh-
  macher.

Saletl. Kleiner Saal.

Salfa. Salbey.

Salvet. Serviette.

Saliter. Salpeter, Sal nitri. Saliterer
  Salpetergräber.

Salzbüchsel. Salzfäßchen.

Salzstößler. Einer, der das Salz Pfund-
  und halb Pfundweise verkauft. Ein bürgerliches Gewerbe.

Sam. Als ob.

San, sahn für sind.

Mit da Sauglocken läuten. Unflätige
  Discurse führen. Sieh Raupenschnei-
  den.

Schab Stroh. Bund Stroh.

Schänden. San an gnädigen Herrn
  schänden. Anstatt nennen. Nur bey
  Bauern gewöhnlich.

Schafler. Bottcher.

Scharwerk. Frohndienst.

Schau ma no iehm on! Man sehe nur
  ihn an! heißt so viel als: Was hat
  denn Er zu befehlen? Wird mit einer
  bittern und spottenden Miene begleitet.

E   Schaur.

Schaur. Hagel. S' hod gschauert.
Der Hagel hat geschlagen.

Sched. Nur. Du darfst sched hin-
gehn. Du darfst nur hingehen. In
Niederbaiern durchaus gewöhnlich. In
der obern Pfalz sagt man dafür schlers,
vermuthlich von schlechterdings. Dänisch sler.

Schelch. Schief. Englisch Shelving.

Schenk. A Schenk Bier. Eine Maaß
Bier in Freysing, wo aber die Maaß
1 1/2 baierische enthält.

Schenken. Die Hochzeitgäste müssen auf
dem Lande am Ende einer Hochzeit in
eine eigends hiezu auf den Tisch gestellte
Schüssel Geld legen, damit, wie der
Wahn ist, die neuen Eheleute Glück haben, wenn sie schon am ersten Tage so
viel Geld einnehmen. In der That aber
bezahlen die Gäste dadurch das, was sie
bey der Hochzeit genossen haben.

Scheps. Nachbier. Du alter Scheps!
(Schöps) Du alter Geck.

A Schepperl. Eine Kinderklappe.

Scheren (sich). Sich plagen. Auch sich
fortpacken.

Scherg. Gerichtsdiener. Sieh Amtmann.

Schermaus. Maulwurf. Man sagt auch,
da Schera.

Scherzl-

Scherzlgeiger. Musikanten, welche in Zechstuben für gemeine Leute Musik machen.

Schieckeln. Schielen.

Schieli. Garstig. Auch schiech.

Schifer. Holzsplitter.

Schilling. Eine Strafe in kleinen Schulen mit Ruthen auf den Hintern.

Es san (sind) Schindeln aufm Dach. Wir werden behorcht.

Mein Schlaf für: Mein Schlafkamerad. Bey Soldaten.

S' Clavier schlagen. Auf dem Clavier spielen.

Schlagerinn. Hure.

Schlampet. Unreinlich.

Schlankel. Schlingel. Rum schlankeln. Herumvagiren.

Schlaudern. In seinen Verrichtungen zu sehr eilen. Daher schlauderisch. Sieh Gaufeln.

Schlaunen. Laß dirs schlaunen! Mache geschwind! Von schleunig.

Schleiffen. Zum Zeitvertreibe auf dem Eise hin und her gleiten. A Schleiffa. Eine Eisbahn.

Schleimeln. Naschen.

Schleißig. Abgetragen, durchsichtig. Von Kleidern. Man sagt auch fadenscheinig.

Schlems. Nach der Querr.

Schlen-

Schlengeln. Wird von Ehehalten gesagt,
wenn sie aus einem Dienst in einen andern treten.

Schlerfeln. Pantoffeln.

Schlieffer. Ein enger Muff.

Schliffel. Wicht, Schelm.

A Schloasen. Eine Reihe.

Schlögl. Das hintere Viertel vom Schaaf-
oder Kalbfleische. Auch eine Art schwarzer Hauben für Geistliche.

A Schlozen, Schluzen. Ein unreinli-
ches Weibsbild. In der obern Pfalz.
Sieh Schlampet.

Schluder. Schlutt, Schlamm.

Schmalleder. Leber von Kühen, Pferden,
und Kälbern.

Schmalz. Ausgeschmolzene Butter.

A Schmarn. Ein zerstossener Pfannkuchen. Sieh Roßknecht.

A schmarrischer Mensch, a Schmarn.
Ein gar zu karger Mensch.

Schmazen. Beym Kauen einen Ton, wie
die Schweine, von sich geben. Auch
küssen. A Schmazerl. Ein Kuß.

Schmecken für: riechen. Es schmeckt übel.
Schmecken Sie dazu! 2c. Daher
sagt man, der Baier habe nur vier Sin-
ne, weil er das Wort Riechen fast nie
gebraucht.

D' Schmer.

D' Schmer. Das Fett. Si d' Schmer
wachsen lassen. Sich gute Tage aufthun, wofür prassen.

Schmieren. Bestechen.

Schmuzen. Lächeln. Schmunzeln mit
einer. Einem Mädchen liebkosen.

Schnacken. Stechende Mücken. Auch
lustige Einfälle. Dänisch Snak.

Schnackler. Schluchzer. Sieh Hetscher.

Schnalle. Klinke an der Thür. Schnal-
lendrücker. Schmeichler.

Schnalzen. Mit der Peitsche klatschen.

Schnaps. Sogleich, geschwind.

Schnaufen. Athmen. Leicht schnaufen.
Leicht athmen.

Schneid haben. Kraft haben. Si
schneiden. Sich irren.

Schnermaulen. Geringe Kost haben.

Schnitterhüpfeln. Bauernlieder.

Oan Schnürn. Es einem sauer machen.
Grosse Zeche fodern.

Schoaten, Scheiten. Sagspäne.

Schopf. Kopfpuz eines Frauenzimmers.

Schopperinn. Wärterinn einer Möch-
nerinn.

Schoppen so viel als: das Geflügel mä-
sten.

Schön und Stärk zahlen. Den ersten
Sonntag nach der Fastnacht ist es ge-
wöhn-

wöhnlich, daß die jungen Leute ihre Mädchen zum Meth führen, damit sie schön und stark bleiben.

D' Schranna. Der Getreidmarkt.

Schreiner. Tischler.

Schrolln. Ein grober Mensch.

Schuchseln. Mit den Schultern zucken, die Schultern auf und ab bewegen. A Schuchsel. Ein Mensch, der unterm Hut nicht richtig ist. Schuchsen. Länglichte und hohle Kuchen.

Schurimuri. Ein unbesonnener Mensch.

Schußbartl. Ein unbesonnener Mensch.

Schwaben. Eine Art gelbfüßiger und schnelllaufender Würmer, welche sich unter den Herden, und besonders bey Bäckern aufhalten..

Schwaiben, schwoabn. Schwanken. Ausschwaiben Ausschwanken.

Schwärzen. Schleichhandel treiben. Toback hereinschwärzen 2c.

Schweißerey. Eine Mayrey, wo viel Vieh gehalten, und Butter und Käse gemacht wird.

Schwoag. Auch eine solche Mayerey.

Schwindgrueben. Kloacke.

Schwoas. Blutwurst. Wahrscheinlich vom weidmännischen Schweißen, Bluten.

Seelnonne. Eine Weibsperson, deren Ge-
schaft

schäft ist, die Todten männlichen und
weiblichen Geschlechts abzuwaschen, und
in den Sarg zu legen. Sie sind schwarz
gekleidet, und dürfen nicht heirathen,
solange sie dieses Handwerk treiben.
Bey den Leichenbegängnissen tragen sie
eine ganz sonderbare Kleidung.

Seelenzopf oder Seelenwecken. Weisses Brod in Gestalt eines geflochtenen
Haarzopfes, welches die Pathen dem
Kinde am Allerseelentage zu schenken
pflegen.

Sehnen. Morgen sehn' i mi hoim.
Morgen sehne ich mich nach Hause, das
ist: Ich hoffe morgen in meine Heimath
zu kommen. In der obern Pfalz.

A Seidl. Eine halbe Maaß.

Selchen. Räuchern. Gselchts Fleisch.
Geräuchertes Fleisch.

Selm. Dort, daselbst. Er selm. Er
selbst.

Seltsam für: selten. Im Hochdeutschen
bedeutet es Fremd, wunderbar.

Seppi, Sepperl. Sieh Peppi.

Serben. Schwindsüchtig seyn.

Sesselträger. Sänftenträger.

Sibler. Siebmacher.

Sienzler. Ein Schleicher, ein Süßling.

Sitzweil. Die Zeit von 6 bis 9 Uhr A-
bends im Winter, wo die Leute auf dem
Lande

Lande spinnen, stricken, und dergleichen
Arbeiten thun müssen. Von Sitzen. In
der ob. Pfalz.

Soad. Langes Geschwätz. Er hod gsoad.
Er hat gesagt.

A so da. So.

Sonderbar für besonders.

A Sonntagskind. Ein glücklicher Mensch.
Ein Mensch, der Geister sieht, Schätze
findet, und was dergleichen Dinge mehr
sind. Eine abergläubische Meinung des
gemeinen Mannes.

Sossel für: so. Sossel muest dus macha. In der Gegend des grossen Ebers-
bergerforstes, welche das Holzland genannt wird. Sossel wohl? So wohl?

Spaget. Bindfaden.

Spalier. Tapeten. Ausspaliert. Tape-
ziert. A Spalier Jemand macha. In zwo Reihen stehen, um Jemand zu empfangen.

Spalteln. Getrocknete Stückchen von Aepfeln.

Spangler. Klemperer.

Spanisch Wachs. Siegellack.

Spech stehen, sagt man von Dieben,
wenn einer derselben an der Thüre stehen
bleibt, um zu sehen, ob Niemand komme. Von Spähen. Amtsspech bestellen.

stellen. Von Obrigkeitwegen Kund-
schafter aufstellen.

D' Speis. Die Speisekammer.

Spenling. Gelbe Pflaumen.

Spennadel. Stecknadel. Von Epingle.
Auch **Sperl.**

Speyrrücherl. Spuckkästchen.

Sper. Trocken. A spere Huften. **Sper-
ren.** Zuschließen.

Spienzeln. Liebkosen.

Spindig. Nicht genug ausgebacken. Sieh
Talket.

Spitzweckel. Eine Art weisses Brods.

Sponfakel. Spanferkel.

A Stadel. Eine Scheune.

A Stand in der Dult. Eine hölzerne
Bude für die Handelsleute auf dem Jahr-
markte.

A Standen. Ein Schaaf. In der obern
Pfalz.

Stappeln. Betteln.

Starchel. Ein langer hagerer Mensch.

Starl. Star, ein Vogel.

Starnitzel. Eine papierene Dute. Sieh
Gucken.

Starzen. Steif seyn.

Stauzen. Stechende Mücken in sumpfi-
gen Gegenden.

Stenker. Einer, der gerne Raufhändel anfängt. A **Stenkerey.** Ein Raufhan-
del.
                                                    Auf

Auf da Ster seyn, sagt man von Hand,
werksleuten; z. B. Schneidern, Nähte,
rinnen, wenn sie in frembe Häuser gehen,
und dort um Lohn arbeiten.

Sternvoll. Sehr berauscht.

Stiege. Treppe.

Stigl. Staffeln bey den Zäunen. Daher
Stiglhupfer. Ein Kaplan auf dem Lan,
de, weil er oft über die Zäune steigen
muß, wenn er auf die Filialen gehet.
(Von Stiege, Treppe.)

Stimmen (einen). Einen zum Besten
haben.

Stoan. Stein. Dieses Wort braucht
man auch für Hagelschlossen.

Stöckl. Absatz an den Schuhen.

Stopfa. Aufn Stopfa giehn. Erst den
zweyten Tag zur Hochzeit kommen. In
der obern Pfalz.

Strah. Auf da Strah liegen. Auf dem
Todbette liegen.

Si stranzen. Die Glieder anstrecken.

A Straßgüetl. Ein liederlicher Pursch.

D' Strauchen. Schnuppen.

Strauben. Eine Art Pfannkuchen.

An Strauß ausstehn. Ein Unglück, oder
eine Gefahr überstehen.

Streng Herr. (von strenuus) Diesen
Titel giebt der gemeine Mann den Ad,
vokaten, Kanzelisten, Sekretärs, Be,
amten,

amten, die den Rathstitel nicht haben,
oder keine Herren von sind. Diese Titulatur kommt sehr in Abnahme, weil
jeder vernünftige Mann lieber bey seinem
Charakter genannt zu werden wünschet,
als bey dieser altväterischen Strenuität.

A Strixen. Ein derber Streich mit einer
Peitsche, oder mit einem andern In-
strumente auf den Rücken.

Strohpax. Dummkopf.

A Strumpf. Ein einfältiger Kerl.

Srübich. Ein Verschlag.

Stückl. Sieh Pipstückl.

Stuhlfest. Eheverlobniß. Bey den Bauern.

Stutzen. Beschneiden, vermindern. Auch
über etwas betroffen seyn.

A Stutzen. Ein Muff. Auch ein Trink-
glas.

A Stutzerl. Ein kleines niedliches Mädchen, oder Kind.

A Sucht. Eine Seuche, ansteckende Krankheit. Dös Ding is süchtig. Dieses
Ding theilt die Krankheit mit.

A Suserl. Ein Hitzblättercheu.

Sutzeln. Saugen. Aussutzeln. Aus-
saugen.

T.

T.

A Tafern. Ein Wirthshaus, wo man
Hochzeiten halten darf. (Auf dem Lande)
Talfen. Stottern. Auch ungeschickt seyn.
Talfet. Nicht genug ausgebacken.
Ein talfeter Mensch, a Talterl. Ein un-
geschickter Mensch.
Tami tami! Ein Aufruf der Verwunde-
rung.
Tamisch. Schwindlicht, taumelnd. Epas
tamisch machen. Etwas entfremden.
Tandler. Trödler. Tandelmarkt. Trö-
delmarkt.
Tascheln. Mit den Händen sanft streichen.
Tasig, tasi. Still. Vom alten Tasen,
tacere.
Tatzeln. Handkrausen.
Tatzen. Sieh Bratzen. Auch Schläge
auf die Hände der Schüler mit einer
Ruthe, oder mit einem Stabe. Daher
Tatzenbretl.
Taubenkobel. Taubenhaus, Taubenschlag.
Tenkisch. Umgekehrt. N' Strumpf ten-
kisch anziehen. Tenkisch seyn. Die-
jenigen Geschäfte mit der linken Hand
thun, wozu andere die rechte] gebrau-
chen. Sieh Meichet.
Grad weg wie da Teufel n' Baurn holt.
Ohne Ceremonien.
Thorwartl. Thorwärter. | N'

N' Thun weisen. Einen mit beyden Händen beym Kopfe packen, und in die Höhe heben. Den Thurm oder den Domm weisen.

Thürmisch. Stürmisch, zornig.

N' Tisch ruck'n. Acht Tage nach der Hochzeit wieder ein kleines Mahl mit Musik und Tanz halten. In der obern Pfalz.

Er is guet um n' Tod z' schicka. Er ist langsam. Er wäre gut, um den Tod zu holen.

Ton. Gethan. Das n wird durch die Nase ausgesprochen. Es is iehm ton worn. Er ist durch Hexenkünste in diesen Stand versetzt worden.

Toni. Anton.

Topfen. Das Dicke, welches nach abgeseiheter Molke zurück bleibt.

Torret. Taub.

Trachter. Trichter.

S' Traff geht. Die Dachrinnen tropfen. Er is trafft. Er ist ein Tölpel.

Traid für: Getreid.

Tram. Ein Balken.

Trazen. Necken.

Traunl. Gertrud.

Treff. Oan an Treff gebn. Einen Streich einem geben. Von Treffen.

Tremmel. Knüttel.

Tren-

Trenzen. Schäumen, von Pferden, Hunden u. d. gl. auch, langsam seyn. O du Trenzer! O du langsamer Mensch!

Tribuliren. Veriren, aufziehen.

N' Triel robenka. Ein langes Gesicht machen.

Triett. Trisaneth.

A Troasch. Ein plumpes Weibsbild.

Trocken. Stottern, stammeln. In der obern Pfalz. Vermuthlich von drücken, so viel als die Worte herausbrücken wollen. Sieh Talken.

A Truchen. Ein Kasten. Truchenlader. Auf- und Ablader der Frachtwägen, Spanner.

Die Trud. Der Alp.

Trutscherl. Ein artiges liebes Mädchen. Ein Schmeichelwort. Im Plattdeutschen heißt Trutln so viel, als ein Mädchen seine Traute nennen.

Tucker. Deckbett, Oberbett.

U.

Ueberboatzen (a Krankheit). Eine Krankheit ohne Medizin überstehen.

Pater Umgang. Der Pater, der eine Prozeßion anordnet. Umgang. Prozeßion.

An

An 'um und um. Ein lebhafter Junge.

An Unform. Eine Unart.

An Ungsegnet. Ein fieberhafter Anfall mit Hitze und Frost. Vermuthlich von der Meinung, daß dergleichen Anfälle daher rühren, weil man aus dem Hau= se gegangen, ohne sich zu segnen.

Laß mi unkeit! Lasse mich in Ruhe!

Unkösten. Kosten, Ausgaben.

Uy Stral! Potz Blitz! In der ob. Pfalz.

V.

Verboant. Verstockt. Dös is verboant. Das ist verdammt! Ein verboanter Mensch. (Qui callum obduxit.) Von Bein, gleichsam ossificirt.

Verbrams di not. Bewege dich nur gar nicht! In der obern Pfalz.

Verhoffen. Ueber etwas erschrecken. J bin aller verhofft, oder dahofft. Ich bin sehr erschrocken.

Verkienzeln. Verzärteln. Man sagt auch Verzigeln.

Verkuma, verkömma. Erschrecken. J bin aller verkumma, oder dakumma.

Sieh

Sieh Verhoffen. Auch so viel als: Verschwinden.

Verleutgeben (Bier). Bier ausschenken.

Zu verlassen seyn. Zum Verkauf stehen, feil seyn.

Verloben (sich). Ein Gelübd machen.

Vermoaint, vermeint. Behext.

Verruf. Landesherrliche Verordnung.

Verschleiß. Vertrieb. Verschleißen. Verkaufen.

Verschlenzen. Verschwenden.

Verschmachen. Verdrüssen. Er hob an Verschmach auf mi. Er ist auf mich verdrüßlich. Verschmacherisch. Empfindlich.

Versehen (einen). Einem Kranken die Sakramente reichen.

Versetzerinn. Unterhändlerinn in Pfandgeschäften. Etwas versetzen. Geld borgen, und dagegen etwas zum Pfand geben.

A Viertl Bier. Zwey Maaß Bier.

A jungs Visperl. Ein junges schnippisches Mädchen.

Voneh, vomeh. Zuvor.

Voppen, vozeln. Einen zum Besten haben.

Voreßen. Ragout.

Vorhinein. Voraus, zum voraus.

Votzmaul. Rindsmaul.

W.

W.

Da Wadl, in der vielf. Zahl d' Waadl.
Die Wade, die Waden.

Wahderl. Ein Fächer. Von wehen.

Walcher. Rolle. Z. E. Nudelwalcher,
Nudelrolle. A dicka Walcher. Ein
fetter Mensch.

Walpa. Walburga.

S' Wammel. Bauchfleisch von Schaafen.

Wampet. Fett, dick. Schlampet.
macht wampet: ein Sprüchwort.

Wamsen. Peitschen.

Wasenmeister. Abdecker, Schinder.

Wastl. Sebastian.

A Watschen. Eine Ohrfeige.

Wauwau. Der schwarze Mann. Klaubauf.

Wawerl. Barbara. Diminutiv. Noch
kürzer Wahm.

Weil für Zeit. J hob nöt da Weil.
Ich habe nicht Zeit.

Weinemmerer. Weinvisirer.

F   Wei-

Weiſet. Das Geſchenk, welches die Ge-
vatterinn der Kindbetterinn macht. Weiſen, dieſes Geſchenk machen.

Eur Weisheit. Dieſe ſalomoniſche Titulatur geben die Bürger ihren Raths-
herren, wenn dieſe nicht gnädige Herren ſind.

Weitling. Eine Milchſchüſſel. Von weit.

Wepſe für Weſpe.

A Wern im Aug. Eine kleine Geſchwulſt
in den Augenwimpern.

Weyher. Teich.

Wickerl. Diminut. von Ludwig.

Wild. Zornig. Sahns wild? Sind Sie
böſe?

Wimmerl. Hitzblätterchen. Sieh Suſerl.

Winnig. Toll. A winniga Hund.

Winterzecken. Spätlinge von Früchten,
z. B. von Aepfeln, Birnen. In der
obern Pfalz.

Wisbaum. Heubaum.

Wiſcher. Verweis.

Wismath. Wieſe.

Wi-

Wiwerl. Eine Gans. In der ob. Pfalz.

Woast leicht! Man kann sichs leicht vorstellen. Du kannst die Ursache leicht errathen.

Woterln. Zähne bey Kindern.

N' Wolf kriegen. Sich wund gehen oder reiten.

Wuckel. Haarlocke. Boucle·

Würstl. Sag no Zaterl, host glei a Würstl drinn! Spottweise. Sage nur Topf, so hast du gleich ein Würstchen darinn. Sie haben nur zu befehlen.

Wuiseln. Winseln.

A Wurmstupp. Holzmehl. So wird das von den Würmern ausgefressene Holz genannt, welches man den Kindern in die wunden Theile streuet. Vermuthlich von Verstopfen, oder Staub, weil man Stauben öfters für Streuen nimmt.

A Wurscherl. Ein kleines niedliches Mädchen.

Wutzeln. Zwischen den Fingern reiben.

Z.

Z.

Zahn. S' thuet iehm koan Zahn mehr weh. Er ist todt. Er hod Haar aufn Zähnen. Er hat Verstand, oder auch Muth.

Zahnen. Weinen: auch Zähne bekommen (von Kindern). Auseinander zahnen: weit auseinander stehen, Lücken haben.

A Zaindl, Zoanl. Ein kleines Körbchen mit einer Hänkel.

Zsammaschlogn. Zusammenschlagen, so viel als Zusammenläuten zum Gottesdienste.

Zaunschlupferl. Zaunkönig.

Zausen. Bey den Haaren ziehen.

Zecken. Kletten.

Zegerer. Handkorb, aus Stroh geflochten.

Zellerer. Selery.

Zibeben. Rosinen.

Zicken. Säuerlich werden.

Ziegler. Ziegelbrenner.

Zigl, z. E. Pferdzigl. Pferdezucht. Daher das Zeitwort Zigeln.

Zillerl.

Zillerl. Diminut. von Cäcilia.

Zipf. Eine Krankheit bey Hühnern.

Si Zkayn, zkriegn. Sich entzweyen.

Zolch, Zolpel. Ein grober Mensch.

Si Ztragn. Sich entzweien, uneins werden.

Zuſpeis. Gemüß.

Nach da Zwerch. Nach der Queere.

Zwicken. Kneippen.

Zwicketzen. Zwitſchen.

Zwinken. Blinzeln. In der ob. Pfalz.

Nachtrag.

Aol. Das unreine Waſſer von einer
Schwindgrube.

Auftrifeln. Allerley vergeſſene unangeneh-
me Sachen wieder hervorziehen. Engliſch to trifle, Kleinigkeiten, Lumperey
treiben.

Bretter ſchneiden. Schnarchen.

Bu-

Buſchen. Berſten, krachen. In der ob. Pfalz.

Derdrellt Verwirrt, betäubt.

Doſcher, trauppet (traubicht, trauben= förmig). Dick angekleidet.

Luſchen. Heimlich löſchen.

Florſchen. Im Gehen die Füſſe nicht recht aufheben. In der ob. Pfalz.

Glaſſerlwaſſer. Rohrwaſſer.

In Gunckes gehn. Zu Grunde gehen.

Leinl. Kleine Haſelmaus. Im Oberland.

Poſt. Schlechte, lumpichte Waare.

Plodern. Zu weit ſeyn.

Quinten. Er hod ſeine Quinten. Er hat ſeine Tücke.

Rant. Luſtige Streiche.

A Rennet. Ein Rennen, z. E. Pferde= rennen.

Revieriſch. Geſchickt, ein Menſch, der etwas anzuordnen weiß.

Rueſchen. Unbedachtſam umherrennen. A Rueſch. Ein unbedachtſamer Menſch.

* Engliſch to ruſh.

Run=

Kungunkel. Schimpfweise für: ein altes
Weib.

Schelten. Fluchen.

Schreden. Bier von einem Bräuhause
abnehmen, und in den Keller bringen.
A Schreder derjenige, der diese Arbeit
verrichtet. In der ob. Pfalz.

A Sergler. Ein langsamer, aber fleißiger
Kopf. In der ob. Pfalz. In Baiern
nennt man einen solchen an Drucka.

Siri seyn. Schwürig, aufgebracht seyn.

Spezi. Kammerad.

Spissi. Mager.

Spreizen (sich). Hoffärtig einher tretten.
A Spreiza. Ein stolzer Mensch.

A Suppen für Fleischbrühe.

Spannen. Sohr aufmerksam seyn.

Staat! Stille!

Stachel für Stahl.

Taatl. Ein alter Mann. Vom alten Ta-
ta, pater.

Wascher. Weit. A wascheta Rock.
Daher waschen. Weite Kleider tragen.
Waschen, heißt auch so viel als frem-
be

be Discurſe und Handlungen ausſchwä-
tzen. Marie Waſch. Eine Klatſche-
rinn, Schwätzerinn. Man ſagt auch
in eben dieſem Verſtande Pritſchen.

Weinberln. Johannisbeeren.

Weſpenneſt. Eine Art Mehlſpeiſe mit
Johannisbeeren.

Dös is ma a gmahts Wiſel. Dieß
iſt mir eine gemähte Wieſe, d. i. eine
erwünſchte Gelegenheit.

Wiſchpeln. Einen leiſen Pfiff thun
(gleichſam Liſpeln). Engliſch Whiſtle.

Zflankt. Zerriſſen, lumpicht.

Baieriſche

Baierische und Oberpfälzische

Sprüchwörter.

* * *

Jedem Lappen gfallt sein Kappen. Suum cuique pulcrum.

* * *

Kloane Kinda, kloane Sorgn, grosse Kinda grosse Sorgn.

* * *

Kinder und Faackeln (Ferkeln) hobn ollaweil laare Saackeln. Kinder und junge Schweine haben immer leere Mägen.

* * *

Es werd koan Fraß gebohrn, er werd nur erzogn. Gefräßigkeit ist kein Fehler der Natur, sondern der Erziehung.

Recht

* * *

Recht is, was Gott láibt; wer a Goas stihlt, is kean Bocksbáib. Gott liebt, was recht ist. Wer eine Geis (Ziege) stiehlt, ist kein Bocksdieb, das ist: Der Richter muß den Fall entscheiden, wie er liegt. In der obern Pfalz.

* * *

Da Teufl nöth Goas zum Bocken, wenns niat will! Der Teufel zwinge die Geis zum Bocken, wenn sie nicht will! das ist: Es giebt schlechte Jagd, wenn man die Hunde dazu tragen muß. In der obern Pfalz.

* * *

Kloan in Hodern, groß in Modern. Kleide deine Kinder schlecht, so lange sie klein sind; so wirst du sie schön kleiden können, wenn sie groß sind. Hodern, Hadern soviel als Lumpen. Modern, die letzte Sylbe kurz, soviel als Marder, Pelz vom Marder, welcher sehr theuer ist.

* * *

Dan ungrechter Haller (Heller) frißt zehn Thaler.

Won's

Wous da Brauch is; legt ma Kouh ins Bett
und singt n' Pumpanickel in da Kirchn. Wo
es gebräuchlich ist, legt man die Ruh ins
Bette, und singt den Pumpernickel (vermuthlich ein Lied unter diesem Titel) in der
Kirche. Ländlich, sittlich. In der obern
Pfalz.

* * *

Man suecht koan hinta'n Ofn, auffa man
is selba dahinta gwen. Man sucht Niemand
hinter dem Ofen, es sey dann, daß man
selbst dahinter gewesen. Cencio dice Straccio.

* * *

Umgang in Ehrn kann Niemand wehrn.
Einen ehrlichen Umgang mit einem Liebchen kann Niemand verbieten.

* * *

Freund in da Noth gehn siebn, und sibazig
auf oan Loth.

* * *

An jeda tragt sein Sock auf b' Mühl. Jeder trägt seinen Sack auf die Mühle. Ein
jeder sorge für sein Heil !

Wer

* * *

Es steht gschriben: Wos nit dein is laß lign!
Laffe fremdes Gut unberührt.

* * *

Wer nöt oft wern will, laß si jung henka!
Willst du nicht alt werden, so laffe dich
jung henken! Diefes Sprüchwort gilt dem, der
ein altes Weib oder einen alten Mann verachtet.

* * *

Wer nie auskummt, kummt nie hoam. Wer
nicht ausgehet, kömmt nie nach Hause. Klug=
heit kömmt von Erfahrung.

* * *

Pfaffenguet, Raffelguet. Auch Pfaffenguet
thuet nöt guet.

* * *

Ehrlich macht reich, aber langsam gehts her.

* * *

Guet Ding braucht Weil. Gute Dinge
erfodern Zeit.

* * *

Mit an Narrn is koan Kind ztauffn. Mit
Thoren ist nichts anzufangen.

* * *

Kinder und Narrn sagn d' Wahret. (Wahr=
heit.)

Di

A Prahla, a schlechta Zahla. Ein Prahler, ein schlechter Zahler.

* * *

Da Lofa an da Wand hört sein oagne
Schand. Wer andere behorcht, hört oft
seine eigene Schande.

* * *

Essen und Trinken halt Leib und Seel
zsammen. So sagen die Baiern, wenn sie
sichs brav schmecken lassen. Dieß ist ihnen die
etroite couture de l'esprit et du corps, wovon Montagne in seinen Essais redet.

* * *

Liebn und Bethn laßt si nöt nöthn.

* * *

Wenn da Pflueg steht, steht alles. Steht
der Pflug stille, so steht die ganze Staats-
maschine.

* * *

Dö größten Kreutz san dö, dö si da Mensch
selba macht.

* * *

Je älta da Bock, desto härta b' Horn.
Das Alter stumpft die Empfindung ab.

Bai-

Baierische und Oberpfälzische
Volkslieder.

Wer spielenden Witz oder wohl gar poetische Begeisterung, wer mehr als simple Natur, mehr als sorglose Lustigkeit, mehr als das Gepräge eines muntern Volkes, aus welchem sich eben darum, weil es nicht tückisch und finster ist, sehr vieles machen läßt, in diesen Liedern sucht, wird besser thun, wenn er sie ganz überschlägt, obwohl vielleicht einige z. B. II. und XIV. auch in Rücksicht auf Poesie einer feinern Wendung nicht unwürdig wären.

I.

Aufs Gaßl bin i ganga,
Aufs Gaßl geh' i no: (noch:)
Der Scherg will mi fanga:
Er hod mi nöt no.
Wie soll a mi denn fanga? bam Tog bo geh
        i nöt,
Ba da Nocht is stockfinsta, do sicht a mi nöt.

*) Auf das Gäßchen gehen heißt so viel als des Nachts zu seinem Liebchen gehen. Bam Tog, bey Tage.

II.

II.

Nachtn bin i in Kirta gwen ; Grebl was
willst hobn ?
A Bandl an a Fürta, a Spitzl in an Krogn.
Gib ma no toan Ringl nöt : i fürcht, i mueß
di hobn.

*) Gestern war ich auf der Kirchmesse.
Gretchen, was willst du (von den Waaren, die ich gekauft habe) ? Gretchen antwortet
schalkhaft : Ein Bändchen an meinen
Schurz, eine Spitze an mein' Halstuch !
Nur kein Ringchen gieb mir ; ich fürch-
te sonst, ich müßte dich haben.

III.

Hansel , wo bist gwen ?
Aum Hahla, aum Hahla. (zu Hallein)
Host n' Jodl gsehn ?
Ja freyla, ja freyla ! (ja freylich !)
Hostn gsehn tanzen ?
Ey jo da, ey jo da ! (Ja doch !)
Mein, wie kon a tanzen ?
A soda, a soda ! (Gerade so , wie ichs jetzt mache.)

IV.

Bin a Kiähbou , bin a Saubou , bin an Och-
sentreiba :

Wenn

Wenn i grouß wia, wenn i grouß wia, wer i
Obaschreiba.

* Jetzt bin ich ein Kühhirt, ein Sau=
hirt, ein Ochsentreiber. Wenn ich er=
wachse (groß werde) werde ich Ober=
schreiber. In der obern Pfalz.

Da die Kinder in der obern Pfalz, so
viel das Landvolk betrift, anfänglich zum
Hüten angehalten, und wenn sie heran=
wachsen, im Lesen, Schreiben, und Rech=
nen unterrichtet werden, so ist dieser Fall
dort gar nicht selten.

V.

Wenn i a mal a Jäga wia,
Schiöna zwa Büchsen schaff' i mia:
Schiöna zwa Büchsen, und an Hund,
Und a schiöns Schotzerl, kuglrund.

* Wia. Werde. Schiöna. Schöne. Mia.
Mir. Schotzerl. Liebchen, Schätzchen.
In der obern Pfalz.

VI.

Mein Diendl hod Aeugelein,
Wie a Täubelein,
Und wie an Engl schauts her;
Und wenn i beym Fensta an Wischpla thue,
So pfutscheilts im Pfaibeil daher.

*) An Wischpla thue. Einen leisen Pfiff
(Lispler) thue. Pfutscheilts. Hüpft sie.

VII.

VII.

Ha liederlichs Pürschel, wann werst di bekehrn?
Aus liederlingen Leubn ko a no wos wern.

*) Leubn. Leuten. Ko. Kann. A. Auch.
No. Noch. Wos. Etwas. Wern. Werden.

VIII.

Schön bin i nöt, reich bin i wohl,
Geld hob i a ganz Beuderl voll.
Gehn ma no drey Patzen o,
Daß i nöt zwölf Kreuza ho.

*) Beuderl. Beutelchen. Patzen. Eine
alte Münze, so vier Kreuzer gilt.
Ogehn. Abgehen. Ho. Habe.

IX.

Schäferlied.

Geh, liebs Dienerl, geh ma außi in d' Aua,
Thúema unsre Lampeln bschaua!
Geh, liebs Dienerl, geh nur, i bitt!
Na, na, mein liebs Bueberl, i geh da holt nit.

* * *

Möchst vielleicht a bißl wos naschen,
Suech in meina Schäfertaschen!
Geh, liebs Dienerl, suech nur, i bitt!
Na, na, mein liebs Bueberl, es hungert mi nit.

G   Thuet

Thuet vielleich da Durſt bi plagn?
Geh ma zum Brunna, unb thüema uns labn!*
Geh, liebs Dienerl, geh nur, i bitt!
Na, na mein liebs Bueberl, es durſt mi holt nit.

Soll i dier mein Herzerl ſchenka?
J werd bjers mein Lebtag denka.
Geh liebs Dienerl nimms nur, i bitt!
Bhalt no dein Herzerl! i mog di holt nit!

*) Geh ma. Gehen wir Lampeln. Lämer.
Holt. Halt. No. Nur.

X.

Mein Schoßerl is kuma, wos hob a ma brocht?
A Ringerl ans Fingerl, a Schmaßerl auf b' Nocht.

*) Kuma. gekommen. Ma. Mir. Brocht.
Gebracht. Schmaßerl. Kuß. Nocht.
Nacht.

XI.

A friſcha Bue bin i, ho b' Feda aufgſteckt.
In Raafa und Schlogn hob mi koana daſchreckt.

*) Ein friſcher Bub bin ich, habe die
Feder auf den Hut geſteckt. Im Raufen und Schlagen hat mich keiner er-
ſchreckt.

An-

Anmerkung. An den Gränzen Tyrols haben die baierischen Bauernbursche den Gebrauch, so viele Federn von Nußhehern oder andern grossen Vögeln auf den Hut zu stecken, als sie Pursche zu prügeln im Stande sind. Eifert nun einer entweder wegen überlegener Stärke oder wegen Liebeshändeln mit einem andern, so singt er dieses Liedchen. Ist ein anderer zugegen, der sich mehr Kräfte zutrauet, so singt er folgendes, und dann ists gewiß gerauft.

A frischa Bue bin i,
Ho d' Feda auf mi!
Is a frischera do,
So rahm i n' brav o.

Das ist: Ein frischer Bub bin ich, hab die Feder auf mir. Ist ein frischerer hier (der sich für frischer hält) so raufe ich ihn brav ab.

XII.

Alle Leud, die buckelt san, tanzen nach da
Seiten;
Brueda, nimm koan buckelts Wei, scham di
vor den Leuten

*) San. Sind. Wei. Weib. Scham di.
Schäme dich.

G 2 XIII.

XIII.

Um am Kreuza Kerschen is nöt viel.
Mein Schotzerl thuet gern scherzen, wann a will,
                wann a will,
Wann a will und wann a mog;
Scherzen thut a olli Tog.

  *) Kerschen. Kirschen. A. Er Mog. Mag.
  Olli Tog. Alle Tage.

XIV.

Trinklied.

O du lieba Gerstensaft,
Gibst mein Gliedern so viel Kraft!
Fall i s' Tags wohl neunmal nieda:
Steh ollemal auf, und sauf glei wieda.

  *) Steh. Ich stehe. Ollamal. Allemale,
  allzeit. Glei. Gleich.
  Der Trinker schreibt hier sehr naiv das oft-
  malige Fallen der Schwäche seiner Natur,
  und das Aufstehen der Kraft des Biers zu.

V.

Noch ein Trinklied.

Jetzt hob i no drey Kreuza, ghörn mein und dein,
Drah di, Waberl, drah di, versuffa müeßens
           seyn!

  *) Ich habe noch drey Kreuzer übrig. Sie
  gehören mir und dir. Dreh dich im Tanze, Waberl! versoffen müssen sie seyn!

                    XVI.

XVI.

Noch eines.

Sauf, Brüederl, sauf,
Da Thala geht schon drauf. (Thaler)
Bald kummt die heili Magdalena,
Bringt an Sack voll Siebazehna.
Sauf, Brüederl, sauf,
Da Thala geht no drauf.

XVII.

Noch ein Trinklied.

Vor da Mittanocht geh i nöt hoam:
Wos macht bös braun Bier für an Foam!
Vor da Mittanacht geh i nöt weck,
Weil mir bös braun Bier so wohl schmeckt.

*) Vor der Mitternacht gehe ich nicht nach
Hause. Ha! Was macht dieses braune
Bier für einen Schaum! Vor der
Mitternacht geh ich nicht weg, weil
mir dieſ.s braune Bier so wohl schmeckt.

XVIII.

Regna, regna, Tropfa,
Wie schiön blüeth da Hopfa!
Wie schiön blüehts s' Himmelkraut!
Láiba Herr Gott, hör bald auf!

*) Es regnet stark. O wie schön blüht
der Hopfen! Wie schön der Klee! o
lie-

lieber Gott, laſſe den Regen bald vor-
übergehen! — In der obern Pfalz.

XIX.
Lied eines Bettlers.

Nur luſtig, nur luſtig! Iſ oſſaweilʃoan Ding;
Gibt man ma wenig, ſo trqg i fein ring.

*) Ma. Mir. Trog. Trage. Ring. Leicht.

XX.
Lied eines Springinsfeld.

Hob i mein Tog koan Guet nöt thon;
Hobs a no nöt in Sinn.
Dös woas mein ganze Freundſchaft ſchon,
Wos i für a Zoberl bin.

XXI.
Kriegslied.

I.

Luſti, Curaſche!
Jetzt is mein Jahrl aus.
Bauer, richt Laſche, (Geld, von Agio.)
Und zahl mi aus!
I dien, beym Plunba, koan Bauern mehr,
Will an Soldadn ohgebn, (abgeben)
Dort hob i beſſers Lebn,
Und bin a Herr!

2.

2.

Allon, nur lusti!
Bauer, zahl s' Geld aufn Tisch!
Jetzt bin i gifti,
Wills wagen frisch.
Da Feind mues tanzen, wie i iehm pfeiff;
J schlag ihn, daß iehm graust,
Wann i n' mit meina Faust
Damal dagreiff.

3.

Ma kennt uns Boarn schon,
Wos ma für Brüeda seyn,
Daß ma all Mon an Mon
Haua thüen drein.
Solls a nix regna als Fexer und Bley,
Stehn ma do mauernfest,
Wöhrn uns aufs allerbest,
San frisch dabey.

4.

Bhüet di Gott, Grebel!
Jetzt roas i holt davon;
Gilts ah mein Schedel,
Wos ligt denn dron?

Bin

Bin i recht glückli, und krieg brav Beut,
Sollst du mein Weiberl seyn,
Und i da Weibl dein,
Bis da Tod scheidt.

5.

Sankt Johanns Segen!
Allon, Wirth, Bier herauf!
Bin schon verwegen,
Gilt schon vans drauf!
Gsundheit n' Soldaten, zu Fuß und Pferd!
Sollten brav setzen drein,
Und allzeit lustig seyn,
Vivat, es werd!

Erratum.

Nach Dechel S. 21, lies: Schwein-
fütterung in Wäldern.

Nachstehende Bücher sind auch in der Lentnerischen Buchhandlung verlegt und um beygesetzte Preise zu haben.

Eckartshausens (Karl von) der Tiger von Bengalen. Ein Buch mit vielen Wahrheiten; mit 4 Kupf. und 2 Vign. 8. 1789.

— — Arthello oder der Hofnarr, ein Originallustspiel in 3 Aufz. 8.   15 kr.

— — Originalbriefe unglücklicher Menschen, als Beyträge zur Geschichte des menschlichen Elendes der Freunden der Menschheit geweiht 8.   1 fl.

— — Copien nach wahren Originalien menschlicher Charaktere mit einem Kupf. 1788.   1 fl.

— — Aufschlüsse zur Magie aus geprüften Erfahrungen über verborgene philosophische Wissenschaften, und verdeckte Geheimnisse der Natur mit einem Kupfer 1788.   1 fl 45 kr.

— — Von der Würde des Richteramts, oder Ideen zur Philosophie der peinlichen Gesetze für Juristen in Nebenstunden zu lesen 8. 1788.   30 kr.

Omars

— — Omars Lehren, oder Biographien zur Menschenkenntniß ein Buch für die Welt, wie sie ist, nicht wie sie seyn soll. 2 Th. 8. 1787. 2 fl. 20 kr.

— — Erzählungen zum Vergnügen und zur Seelenbildung 8. 1786. 1 fl. 30 kr.

— — Beyträge und Sammlungen zur Sittenlehre für alle Menschen 8. 1787. 1 fl. 15 kr.

— — Aglais, oder gesammelte Bruchstücke der Schwärmerey aus wahren Menschengeschichten mit 5 Kupf. 8. 1787. 1 fl. 30 kr.

— — Dulbung und Menschenliebe in rührenden Erzählungen mit 2 Kupf. 8. 1787. 1 fl. 30 kr.

— — Ueber die Art wie man verurtheilte Uebelthäter, vorzüglich verstockte Bösewichter in ihren letzten Stunden behandeln soll 8. 1787. 15 kr.

— — Arlamech von Sirap, der Sündflut entrissene Gesänge 8. 1786. 15 kr.

— — Raynald, oder das Kind der Natur und Liebe, ein Trauerspiel in 4 Aufzügen. 8. 1786. 24 kr.

— — Das Vorurtheil über den Stand und Geburt, ein Lustspiel in 4 Aufzüg. 8. 1778. 12 kr.

— — Auf Rollmanns Tod, ein prosaisches Gedicht. 8. 1788. 4 kr.

Sailers (J. M.) Vorlesungen aus der Pastoraltheologie, auf Befehl Sr. churfürstl. Durchláucht zu Trier als Fürstbischof zu Augsburg herausgegeben, 2 Bände 1788.   2 fl. 50 kr.

— — Einleitung zur gemeinnützigen Moralphilosophie gr. 8. 1787.   18 kr.

— — Glückseligkeitslehre aus Vernunftgründen mit Rücksicht auf das Christenthum, 1ter Thl. worinn die wahre Glückseligkeit des Menschen bestehe gr. 8. 1787.   1 fl.

— — Vollständiges Lese - und Gebethbuch für katholische Christen, zweyte durchausverbesserte Auflage 6 Bändchen mit 13 schönen Kupfern 8. 1785. 3 fl 30 kr.

— — Vollständiges Gebuthbuch für katholische Christen, aus seinem grösserem Werke von ihm selbst herausgezogen, mit einem Kupfer und einer Vignete 8. 1787.   45 kr.

— — Das Gebeth unsers Herrn, für Kinder in ihrer Sprache und nach ihren Begriffen, zweyte verbesserte Auflage mit einem Kupf. 12. 1788.   8 kr.

— — Ueber den Selbstmord, für Menschen, die nicht fühlen den Werth, ein Mensch zu seyn. 8. 1785.   30 kr.

Nachlese

zum

baierischen und oberpfälzischen

Idiotikon.

Erste Abtheilung.

Lebende Mundart.

Von

Andreas Zaupser.

München,

bey Joseph Lentner. 1789.

Auf Fuldas Grab. *

Schwebt singend über dem Hügel des Edeln,
    ihr Barden der Vorwelt!
Schwebt; tönt in die Saiten der Telyn ein
    Lied dem Liebling Thuiskons!
Todt lagen durch Wurdi ** verderbenden Dolch
    Teutoniens Wörter
Viel in der Vergessenheit Thal. Mit zürnen-
    dem Ungestüm sah ers,
Riß ihnen den Dolch aus der Brust, daß nun
    ein Leben sie blühen,
Unsterblich im neuen Gesang, sanft lächelnd den
    jüngeren Schwestern.
Des Forschers leuchtender Blick drang bis zum
    Schooße, dem fruchtbar
Einst Wörter bey Tausend entstiegen, und wie
    der neue gebahren,
Bis hin zum keimenden Urstof der Sprache.
    Nicht tiefer gewurzelt

         Ragt

---

* Als ich ihm und Herrn Hofrath Adelung meinen Versuch weihte, war er bereits todt. Er
starb den 11. Dec. 1788. — Seine Werke
über die deutsche Sprache, und seine deutsche
Geschichtkarte machen ihn unsterblich.

** Göttinn der Vergangenheit bey den alten
Deutschen.

Ragt Wodans *** heiliger Stamm, nicht
    reicher an schattichten Aesten

Empor in strebender Würde zur blauen Schaale
    des Aethers.

Schwebt über dem Hügel des Edeln, und weiht
    mit Gesang ihn, ihr Barden!

In einsamen Nächten erschienen ihm oft, wie
    Säulen von Nebel,

Enherion, **** Vaterlandsthaten durchglänz-
    ten, gleich funkelnden Sternen,

Ihr Nachtgewand, feyrlich ertönte die Luft
    vom Klange der Schilde.

Da führt' er an traulicher Hand, zu sehen die
    Schatten der Väter,

Kühnblickende Jünglinge her, in deren feur-
    gem Busen

Des Vaterlands Name noch lebt. Sie staun-
    ten, und flammender rollte

Ihr Aug, und mächtiger schwoll ihr Herz vom
    Durste nach Thaten.

Schwebt über dem Hügel des Edeln, und
    rauscht in die Saiten, ihr Barden!

Vor-

*** Der Gott des Donners.

**** Helden der deutschen Vorwelt.

Vorbericht,

welcher gelesen zu werden wünscht.

Ein Wort giebt das andere, sagt man im Sprüchworte. Dieß erfuhr auch ich nach der Herausgabe meines Idiotikons. Viele meiner Freunde, und auch andere, mit denen ich zuvor in keiner Verbindung stand, schickten mir Zusätze aus ihren Gegenden, die ich mit Dank erkenne. Freylich kann ich nicht alles dem Publikum mittheilen, was mir geschickt worden ist. Der Zweck eines Idiotikons würde dadurch verfehlt werden, weil unter den Redensarten nur solche, welche entweder den Charakter des Volkes bezeichnen, oder etwa in das Hochdeutsche aufgenommen zu werden verdienen, oder sonst auf irgend eine Weise merkwürdig sind, darinn einen Platz erhalten können.

Daß

Daß es dem Büchgen auch nicht an Tad=
lern fehlen werde, war leicht vorauszusehen, da
diese Art von Autorschaft in Baiern eine bis=
her unbekannte Erscheinung war,

Einige dieser Kritiker sagten: Wozu soll
eine solche Arbeit nützen? Viele Wörter,
die in Baiern und in der obern Pfalz
üblich sind, sind es auch in Franken,
Schwaben, Sachsen. Mithin ist ja
dieß doch kein Jdiotikon im eigentlich=
sten Verstande. — Diese Herren bedenken
nicht, daß, wenn gleich viele baierische Wörter
auch bey andern deutschen Völkern üblich sind,
es doch bey weitem die wenigsten sind, und
daß nur eigentlich die österreichische Mundart
einen merklichen Antheil an dieser Gemeinschaft
hat. Ferner! Ist es denn nicht nothwendig,
daß wenn wir in Deutschland ein Ganzes in An=
sehung der wirklich lebendigen Sprache (Hoch=
deutsch ist größtentheils nur Schriftsprache) ha=
ben wollen, zuvor in allen deutschen Kreisen die
Jdiotismen gesammelt und herausgegeben wer=
den? Wer kann es einem Sammler von Einer
Provinz zumuthen, daß er alle Ecken von
Deutschland bloß in der Absicht durchreise, um
—das Jdiotikon seiner Provinz in der Hand —
die Wörter, die auch an andern ausländischen
Orten gebräuchlich sind, wegstreichen zu kön=
nen? Und wer hat sodenn das Recht, diese
Wörter aufzuzeichnen? Oder sollen sie gar weg=
bleiben?

bleiben? Ich denke vielmehr, nichts sey beßer,
als wenn in jeder deutschen Provinz dasjenige
aufgezeichnet wird, was von der hochdeutschen
Mundart abweichet, wenn die Aussprache dieser Provinz durch Bemerkungen festgesetzt,
und der Dialekt des Volkes in Redensarten,
Sprüchwörtern, und Liedern hinlänglich darge-
stellt wird. Alsdenn erst, nicht eher, kann
der Sprachforscher aufstehen, und dieses Allerley sichten — sagen: Dieß ist jener Provinz
allein eigen; dieß gehört mehrern; dieß
ist gut, und verdient das Bürgerrecht
in der Büchersprache zu erhalten; dieß
bezeichnet den Genius einer Mundart,
und den muntern, oder nachdenklichen,
den freymüthigen, oder den schüchternen
Ton des Volks, von dem es gesprochen
wird; dieß deutet auf vorausgegangene
Vermischungen mit einem oder dem andern Volke * und was dergleichen Beobach-
tungen mehr sind.

Ein anderer machte mies zum Vorwurfe,
daß ich solche Kleinigkeiten schreiben mag. Ob
es Kleinigkeiten im Grunde seyen, mögen Ken-
ner beantworten. Rochefaucault sagt: Ce que
me-

---

* Anmerk. So haben die Baiern viele Wörter und Ausdrücke mit den Steyermärkern
gemein. Man lese Hermanns Reisen. z. B.

merite d'etre ſçu, merite auſſi d' etre
corit, ** Die meiſten foderten mich auf, in ei=
nem Nachtrag aus alten Documenten diejenigen
Wörter herauszugeben und zu erklären, welche
zur Beleuchtung der Geſchichte etwas beytragen
können. Dieß heißt nun freylich viel, und ganz
etwas anders als ein Jdiotikon fodern. Jch
entſchloß mich doch dazu, weil die Sache in
vielweg nützlich ſeyn kann. Nur um Geduld
und gütiges Zuwarten muß ich bitten, da der=
gleichen an ſich ſchon trockne Arbeiten vieles Le=
ſen, Nachſuchen, und Nachdenken erfordern.
Es läßt ſich hier leichter irren, als bey Wör=
tern, die man tagtäglich hört. Sie ſollen aber
ſicher in einer künftigen Nachleſe folgen.

Ein gewiſſer Rezenſent warf einen ſchiefen
Blick auf meine kleine Unternehmung, weil ich
in der Stadt, nicht auf dem Lande ge=
boh=

** „ Es ſind zwar vom Anfang des vorigen
Jahrhunderts an bis jetzt in Deutſchland nach
und nach viele Geſellſchaften geſtiftet worden,
welche zur Verbeßerung der deutſchen Sprache
Hoffnung gemacht haben, und man findet noch
dergleichen in Leipzig, Jena, Göttingen, Helm=
ſtädt, Greifswalde, Bremen, und an andern
Orten: allein, es ſcheint vornämlich dieſes an
denſelben tadelhaft zu ſeyn, daß ſie faſt bloß
die Wohlredenheit zur Abſicht haben, und hin=
gegen die kritiſchen Unterſuchungen der Mund=
arten,

bohren bin. Was doch alles zu einem Be-
rufe gehört! Ich hätte, sagt er, Yeschta und
Yerchta für Erchtag und anstatt Pfinztag
richtiger Pfinztaa schreiben sollen. Sonderbar! Warum denn bey Yerchta Ein a und bey
Pfinztaa Zwey? Und soll ich denn alles ins
Idiotikon aufnehmen, was immer in einer Ecke
von Baiern um einen halben Buchstaben kürzer
oder länger ausgesprochen wird? Der Rezensent
irret sich, wenn er sagt, der Baier spreche Leaus
für Lous. Nur diese zween Vocale werden
gehört. Fusel soll nach ihm keinen Brantwein
bedeuten, sondern eine langsame Magd. Mag
wohl seyn, daß auch diese Bedeutung hie
und da üblich ist. Aber Fusel bedeutet nicht
etwa in Baiern allein, sondern auch in Sachsen Brantwein. Paaz soll Unsauberheit anzeigen. Wie unbestimmt? Man sagt zwar das
Paaz von teigigen Birnen zc. Von tro-
kener Unsauberheit wird das Wort wohl nie
gebraucht. Meine Erklärung bleibt also gewiß
die richtige. Für Pams soll ich nach des Rezensenten Urtheile geschrieben haben Pamsen. Ja,
wenn

---

arten, Wörter und so weiter verabsäumen;
doch trift diese Anmerkung die Bremische nicht,
welche sich durch das bremisch-niedersäch-
sische Wörterbuch um die deutsche Sprache
verdient gemacht hat." Büschings große
Erdebeschreibung. Einleitung in die
Beschreibung des deutschen Reichs.

wenn ich einmal ein Jdiotikon im Accusativ heraußgebe! —

Ich nehme gerne Belehrungen an; nur müßen sie mit Sachkenntniß und nicht diktatorisch geschrieben seyn. Nur der, welcher selbst an ein Jdiotikon Hand anlegt, kann die damit verbundenen Schwierigkeiten kennen. Einem Rezensenten fällt es leicht, überhaupt hin zu sagen, daß nicht alles erschöpft sey, daß manchmal unter den Jdiotismen auch ein Wort stehe, welches kein Jdiotismus, sondern lediglich eine fehlerhafte Aussprache ist. Wie leicht läßt sich dieß alles sagen? Wie leicht ist es hier, die ernste Stirne eines Richters anzunehmen? Alles erschöpfen ist unmöglich. Man betrachte den Umfang des Landes! Und ist es wohl auch nothwendig, daß alles erschöpft werde? Soll es wirklich gar keine Jdiotismen in Niedersachsen mehr geben, die in dem niedersächsischen Wörterbuche nicht enthalten wären? — Fehlerhafte Aussprache gehört allerdings in ein Jdiotikon — zwar nicht als Jdiotismus, wohl aber als Aussprache, die oft weit wichtiger ist als Jdiotismen. Man sehe S. 6. dieser Nachlese. Wo sollte man nun diese Aussprache anzeigen? In der Grammatik? Ja wenn alles in Regeln zu bringen wäre! Wo also? Warum wollen ihr die finstern Herren keinen Platz in einem Jdiotikon gönnen? Oder sollte man wohl gar überall beysetzen: Dieses Wort, z. B. Druy,

Druy, ist kein Idiotismus, sondern blos eine (dermal) fehlerhafte Aussprache. ? Wie kleinmeisterisch! — Viele Rezensenten, nicht meines — sondern anderer deutschen Idiotiken haben diese Rüge so stolz hingeworfen, daß sie jeden, der diese trockne Arbeit unternehmen will, zurückschrecken möchten. Endlich ist es auch nicht allzeit leicht, das Stammwort, oder vielmehr das ächte Wort einer fehlerhaften Aussprache zu entdecken. Woher stammt wohl das oberpfälzische Bomaila (Sachte)? Ich wette, jeder Rezensent verfällt, wie ich, zu erst auf Eilen, also auf: Eile nicht zu sehr, oder etwas dergleichen. Doch ist es gewiß falsch. Erst kürzlich erfuhr ich, daß man in der Gegend von Ingolstadt Bomaachlich für sachte spricht und nun führte mich dieses natürlich auf das rechte Wort, gemach, gemächlich, welches sich zuerst in Gemaachlich, dann in Bomaachlich, und endlich im Munde des Oberpfälzers in Bomaila verunstaltete.

Man würde mein Büchgen aus einem ganz falschen Gesichtspunkte beurtheilen, wenn man glaubte, es dürfte dasselbe nur als ein Beytrag zu Herrn Hofrath Adelungs hochdeutschem Wörterbuche dienen. Mein Zweck war, wie die Vorrede zeigt, hierauf nicht eingeschränkt. Ich wollte zugleich den fremden Reisenden, und dem Beobachter der Charaktere der Völker ein Hülfsbüchgen liefern. Niedrige, aber doch komische,

mische, und passende, besonders figürliche Ausdrücke sind zwar eigentlich nicht für Adelungs Wörterbuch, obwohl er auch deren viele selbst anführet, und anführen muß. Aber sie tragen ungemein viel bey, die Denkungsart, die Laune, die Stimmung eines Volks zu bezeichnen. Es ist immer merkwürdig, von welchen Gegenständen ein Volk seine Gleichniße, seine Figuren entlehnt, ob diese Gleichniße kühn, stark, lustig sind, ꝛc. ꝛc. Oft scheint beym ersten Anblicke ein Ausdruck unschicklich zu seyn, und doch kann er unter einer feinen Wendung ein treffender origineller Zug werden. Der Baier sagt z. B. der See macht Lampeln (Lämmer, wenn der See Wellen wirft.) (S. Idiot.) Sollte eine Heerde weißer springender Lämmer kein schickliches ländliches Bild eines schäumenden Sees seyn? Ossian vergleicht wohl gar den weißen Busen der schönen Agandecca mit dem Schaume der Wellen. Ueber solche Ausdrücke, und Gleichniße, die ganz in der Natur gegründet sind, muß ein aufmerksamer Beobachter nicht wegsehen.

Sollten wohl wirklich einige Ausländer aus meinem Idiotikon Anlaß genommen haben, sich über baierische Mundart lustig zu machen? Immerhin! Es ist auch etwas nützliches um die Erschütterung des Zwerchfells, zumal wenn man nichts bessers zu thun weiß. Indessen sey es auch mir erlaubt, dieses Lachen

für

für kindisch zu erklären. Jede Mundart hat ihre Sonderlichkeiten, und diese kommen dem Fremden, der nicht denkt, sondern nur lacht, lächerlich vor. Auch nichtdenkende Baiern lachen über das Schwäbische, thuen gaun laun, für: lasse ihn gehn; über das Steyrische: Er is grätschinket, für: Er geht mit den Beinen zusammen; über das Rheinpfälzische: A Waacha fahrt von hunna ruf: Ein Wagen fährt von unten herauf; über das Bergische: Komma Sie bey mich! Kommen Sie zu mir! u. d. gl. Es ist wirklich eben so abgeschmackt, über eines, als über das andere zu spotten. Eine Mundart ist rauh, die andere knarrt, die dritte heult ꝛc. Loripedem rectus derideat! — Ueberdieß ist das Rauhe, Harte, Starke, (und diese sind eben die Eigenschaften der baierischen Mundart) nie ein Gegenstand des Belachens. Nur das Kleinliche, das Schwache kann es seyn. Den Gesang der Barden verglich Julian mit dem Geschrey wilder Vögel. Hätten die nervichten Barden wie Zeisige gesungen, dann wären sie belachenswerth gewesen.

Leicht hätte ich meinem Büchgen das Ansehen von tiefer Gelehrsamkeit geben können, wenn ich Adelungs schätzbares Wörterbuch geplündert, und aus demselben allenthalben ähnliche, verwandte Wörter aus dem Persischen, Hebräischen, Griechischen, Isländischen

ꝛ.

rc. beygesetzt hätte. Allein ich mag mit fremt=
den Federn nicht prangen. Ich erkenne sogar
dasjenige mit Dank, was mir von ausländi=
schen Beobachtern (nur mit der Erinnerung,
daß ich an einigen ihrer Sammlungen selbst
ziemlichen Antheil hätte) vorgearbeitet worden
ist. Ich bin nicht stolz auf mein Werkchen:
Es ist weiter nichts, als Wörtersammlung; ei=
ne Lieferung von Steinen zu einem künftigen
Gebäude. Meine Absicht war, zur Kenntniß un=
serer Muttersprache, besonders der noch so wenig
bearbeiteten oberdeutschen Mundart mein Schärf=
lein beyzutragen, und durch mein Beyspiel auch
andere oberdeutsche Gelehrte zu ähnlichen
Beyträgen zu ermuntern. Und in dieser Ab=
sicht liefere ich hier einen Nachtrag, den ich
theils meinen eigenen fortgesetzten Beobachtun=
gen, theils der gefälligen Mittheilung meiner
Freunde zu verdanken habe. Auch einige gram=
matische Bemerkungen, und wenige Sprüch=
wörter habe ich beygefügt. Vermuthlich sind
einige davon auch in andern deutschen Gegen=
den üblich. — Lieder bezeichnen zwar den Cha=
rakter eines Volks, weil der Mensch gerne von
dem singt, wovon sein Herz voll ist. Indessen
zu viel wäre zu viel. Ich hätte unter andern
welche Lieder, die auf eine auffallende Art zei=
gen würden, wie der gemeine Mann äußerliche
Andacht mit seinen Leidenschaften zu vereinigen
weiß. Allein ich mag diese Saite nicht berüh=
ren. — Man darf auch nicht glauben, daß
unter

unter den gemeinen Leuten, selbst unterm Bauernvolke gute deutsche Lieder ganz unbekannt seyen. Man kann oft das Blühe, liebes Veilchen, oder Ein Lämmlein trank vom Frischen aus dem Munde einer Schnitterinn hören. Aber dieß sind verpflanzte Blumen, die in ein baierisches oder oberpfälzisches Bouquet nicht gehören.

Wenn übrigens von irgend einem Buche der Vers gilt:

Sunt bona, sunt mediocria, sunt mala plurima,

so muß er von einer Wörtersammlung gelten.

Tu Lector, consule lecta boni!

Errata im Idiotikon.

S. 23. Dienstag, lies Dinstag.

S. 32. gählinger, lies gäher.

S. 34. tücherer Mantel, lies tüchener Mantel.

S. 49. Eine Mutterschwein, lies eine Schweinsmutter.

S. 62 muß ich dem Wörtchen Rasten eine förmliche Abbitte thun, daß ich selbem, ich weiß selbst nicht wie, unter den Provinzialismen einen Ort angewiesen habe. Es sey hiemit von mir in alle seine Ehren im vollen Umfange restituirt! Wenn man einmal Wörter klaubt, so kann einem leicht etwas solches begegnen, und man weiß am Ende selbst nicht, wie es dabey zugieng. Wahrscheinlich hat mich ein anderes Verzeichniß verführet.

Noch
einige grammatische
Bemerkungen.

1) Das au sprechen die Oberpfälzer aus, wie ein gedähntes a. z. B. aaffi; der Baier sagt auffi, hinauf. Auch der Baier sagt laaffa für laufen, raaffa für raufen, da Baam für Baum, ꝛc.

2) Das eu geht oft in ui über. Fuir für Feuer, huir für heuer. S. das Idiotik. bey den Wörtern Bräu, Druy.

3) Staat ö wird oft ü gebraucht. Da Küni kümmt. Der König kömmt. D' Sün

für die Söhne. Oe wird auch oft für e gebraucht. Göbn für geben. Löbn für leben.

4) Das d wird in der Mitte zuweilen ausgelassen. Finn für finden, gfunn für gefunden. J wur, du wurst, er wur, mier wurn, ös wurds, sie wurn, für ich würde, du würdest ꝛc.

5) Das g am Ende eines Worts wird in der Aussprache meist ausgelassen, wie im Idiotikon schon angezeigt worden ist. Gifti für giftig, ruehi für ruhig, Erchta für Erchtag.

6) Das j spricht der Oberpfälzer oft wie g, und zwar ziemlich stark aus. Z. E. Ochsengoch für Ochsenjoch), Gahga, für Jäger, Goppen für Joppen. Ga, vielmehr Ra, für ja. J gib mein Ga (Ra) dazou. Ich gebe meine Einwilligung dazu. Gesus, Jesus, Marga, Maria.

7) Das l wird an einigen Orten der obern Pfalz mit i verwechselt. Stoiz für stolz, Steizen, vielmehr Stäizen für Stelzen.

8) Die Oberpfälzer verschlucken den Buchstabe r sehr oft. Sie sprechen goa, oder goua für gar, Mea für mehr, fia statt für, Zoan für Zorn, S' Thoa statt das Thor, und dergleichen mehr. In ginem alten Liede von der Schöpfung des Weibs singt Adam:

Konst

Konst du so schiönd Sacha,
O láiba Gott und Hea (Herr)
Aus meina Rippen macha,
So leich i dir no mea. (Noch mehr, d. i.
           noch mehrere sol-
           che Rippen.)

9) Auch das s am Ende wird oft verschluckt. J mue, für ich mueß. Si müen,
sie müssen.

10) St wird meist wie Scht gesprochen.
An manchen Orten wird das t allein gehört.
Z. E. Würt statt Würste, Fürt statt Fürst.
Hingegen wird Scht oft für T gebraucht, z. E.
Wirscht für Wirth.

11) Der Baier liebt das z. Er spricht
Gaumezen für Gähnen, Garazen für Knarren, Gagazen für gachsen, Starzen für
starren. 2c. Immer das Intensivum. Er will
alles stark ausdrücken, und dadurch wird seine
Sprache hart und rauh.

12) Anstatt Ver oder Er im Anfange
der Zeitwörter, z. E. Verrichten, Erstaunen,
sagt der Baier vorrichtn, vostauna, oder
daastauna, wovon ich schon im Idiotikon
Beyspiele angeführt habe. Für Ertattern, daa-
dadern, nicht aber, wie ein sogenannter Rezensent meint, daantadern. Dieser setzt hier

das

das n eben so unrichtig dazu, als er es von
Mauneln wegnimmt, welches nach ihm wie
Maulln ausgesprochen werden soll.— Auch für
Zer im Anfange der Zeitwörter wird daa oder do
gebraucht. Daarütt, zerrütet, daaschlagn, zer-
schlagen, daadrellt, gleichsam zerdrellt, für verwirrt. (von Drellen, drillen.)

13) Sehr viele baierische Beywörter endi-
gen sich auf et. Kolpet, glaßkopfet, lunzet, maßet, meichet 2c. Auch Hauptwör-
ter haben manchmal diese Endigung: z. E. a
Dicket, a Ducket, s' Gröhret. u. d. gl. wie
im Idiot. und in dieser Nachlese zu sehen ist.

Ein ausländischer gründlicher Gelehrter hat,
wie ich aus einer von einem guten Freunde mir zu-
geschickten Abschrift ersehen habe, in seinem Urtheile über mein Idiotikon die baierische Aussprache
des Buchstabens a auf folgende Weise, und
wie mich dünkt, nicht unglücklich erkläret.

Bey dem a, sagt er, lasse sich ein dreyfacher
Laut sehr deutlich unterscheiden, der ordentliche
hochdeutsche, oder mittlere, der helle und der
Dunkle. Den hellen Laut bekomme das a,
wenn der Mund ein bißchen, wie beym Lächeln,
in die Breite gezogen wird, und es töne sodann
wie das schwäbische a. Den dunkeln Laut er-
halte es, wenn der Mund etwas ins Runde gezogen wird; und nun könne man allgemein sagen, der gemeine Mann in Baiern, und in der
Obern-

Obernpfalz spreche beynahe durchgehends das a
dunkel aus, ausgenommen am Ende der Wörter, wo es fast allemal hell lautet.

Ich habe wirklich selbst in gegenwärtiger
Nachlese zu meinem Jdiotikon das a, wenn es
dem Tone o sehr nahe kömmt, unverändert ge-
lassen, das helle, oder schwäbische und rheinpfälzische aber noch immer mit aa oder ah bezeichnet. Das dunkle a des baierischen Dialek-
tes ist nicht völlig o, aber doch ungleich mehr
o als hochdeutsches a. Daher hatte ich es in
meinem Jdiotikon durch o gegeben, so wie dieser Ton auch allen Ausländern, wie o vor-
kömmt. Man sehe Nicolais Reisebeschreibung. Ich that es um so mehr in meinem ersten Versuche, weil ich die Leser mit der Aussprache auf dem nächsten und leichtesten Wege
bekannt zu machen suchte, und der baierischen
Mundart überdieß auch der hochdeutsche oder
mittlere Ton nicht fremd ist, z. E. bey dem
Worte gatzen, gatgazen u. dergl. — Ich
wählte damals die Unterscheidungszeichen a,
aa, und o, nicht ohne Absicht, obwohl ich sie
allenthalben genau anzuzeigen für überflüßig
hielt, da ich selbst davon keine andere Regel als
den Gebrauch und diesen nach den Gegenden
sehr verschieden anzugeben vermochte. Nicht selten klingt das a gänzlich wie o. Z. E. wenn
ein n darauf folgt. Thon für gethan. Mon
für Mann, onkäma für ankommen, und
d. g.

d. g. wobey nicht zu vergessen ist, daß das n
nur halb und zwar durch die Nase ausgespro=
chen wird.

Die baierische Aussprache hat sehr vieles
von der uralten deutschen Sprache beybehalten.
Nur einige Wörter will ich zum Be.weise an=
führen. Sun für Sohn, in der vielfachen Zahl
Sün (Bey Kero, und Ottfried Sun). Sunna
für Sonne (bey Ottfried, und im Angelsächs.
Sunna). Mohn für Mend (bey NotkerMan,
im Angelsächs. Mona'. Lempi für lebendig (bey
Stryker Lentig, bey Hornek Lemtig,) Fuir
für Feuer (bey Kero Fuire, bey Tatian Fuir)
und dergl. mehr. Wie alt sind Noiß, Ninderst,
Samroß, Dunder rc. *

Die Haupteigenschaft der baierischen Mund=
art ist, die Wörter abzukürzen. Nervicht und
reich an bedeutenden Ausdrücken ist sie gewiß.—
Und wohlüberlegt! SollenDusen (sanft schlum=
mern) Naßen (im Schlummern mit dem Kopfe
nicken) Anfiebern, Nothfest rc. nicht würdig
seyn, der hochdeutschen Sprache einverleibt zu
werden?

Was könnte empfehlender für eine Sprache
seyn, als wenn sie im Kurzen vieles ausdrücket?
Dieses ist sonst der oberdeutschen Mundart nach
Adelungs Anmerkung nicht eigen. Aber dieß
thut

---

* S. Adelungs Wörterbuch an gehörigen Stellen.

thut die baierische; sie liebt kein Geschwätz, keine Umschreibung. Alles muß kurz seyn. Mir fällt hier bey, was der Nouvelliste œconomique et litteraire Vol. XII à la Haye 1756. von den Bewohnern des Pilatusberges in der Schweiz sagt: Ils ont generalement de l' Esprit. — *Ils sont un genus entre eux des mots, qui signifient de phrases entieres; ils parlent, comme nous ecrivons quelque fois, par abbreviations.*

Es ist gewiß lustig, den Baiern zuzuhören, wenn sie in Gesellschaft einander necken. Sie kommen zum Trunke zusammen, und da ist der Gegenstand der Unterhaltung gar oft weiter nichts als wechselseitiges Vexiren. Die münterste Persiflage, und die lustigsten Anspielungen, — alles in kurzen Sätzen — doch Schlag auf Schlag — kann man da hören. In den ersten Scenen des hier oft aufgeführten Schauspiels: die geistliche Braut, sind einige Züge von dergleichen bürgerlichen Zusammenkünften enthalten.

Derb und freymüthig ist die Sprache des Baiern, so wie seine Denkungsart. Er hat inneres Gefühl von Kraft und Stärke, die ihm eigen ist: Daher sagt er alles kurz und unverhalten heraus, wenns auch nicht allzeit nach dem Conventionsfusse ist.

Die

Die hier und im Jdiotikon gegebenen Regeln darf kein Ausländer aus den Augen lassen, welcher die baierische Mundart kennen und beurtheilen will.

A.

Aarwa, alles is aarwa: die ganze Gegend ist offen, frey vom Schnee. Im Fruhjahre. Die Tyroler sagen Apern.

Abdraht. (Sprich adraht.) abgedräht, schlau. Abdraht, wie ein Kühstrick.

Abhanden. Zuweilen. Im baier. Walde.

Abkas. (S. Jdiot.) stammt vom alten Gehaß, gehäßig her. Wird aber wie I ausgesprochen.

Abwankerl. Ein kleiner Fehler. Von Wanken. Gleichsam abwanken, abweichen.

Ada. Natter.

Aften. Hernach.

Alleweil. Allzeit, sehr oft, immer. In der Rheinpfalz bedeutet alleweil soviel als eben jetzt, welches ganz wider die Etymologie ist.

Alben. So wird bey Erding in Oberbaiern eine kalk= und kreidenartige Erde genannt, welche unter einer anderthalb oder zwey Schuhe hohen Dammerde liegt, und keinen Baum fortkommen läßt.

S'

S' thuet mir Ant nach ihm. Ich sehne mich
nach ihm. Ich vermisse ihn ungerne. S.
Ahnti im Idiot.

Anpummen. Anrennen, ungeschickter Weise
sich Verdrusse zuziehen. Man sagt auch
anschmecken, die Nase verbrennen.

Auf und Nieda, oder Armuthey. Gerin=
ges Vermögen. Z. E. im alten Liede:
Me n Weiberl had a Schaaf ghabt,
i un˟ (ich) an Widda: Dôs is unsa
Saacherl (Sächchen) gwen, unser
Auf und Nieda. Das ist: all unser ge=
ringes Vermögen.

Aufdaama. S. Idiotikon. Es heißt auch so
viel als: durch Bestechungen die Augen
verblenden, gleichsam, den Daum Jeman=
den aufs Aug drücken.

Si prächtig aufführen. Prächtig in Kleidern
seyn.

Aufhussen einen. Einen zum Zorn gegen ei=
nen andern reitzen. Man sagt auch Huf=
sen. Zu den Hunden spricht man gewöhn=
lich, wenn sie Jemand anpacken sollen,
Huß, huß! Daher diese figürliche Be=
nennung.

Aufmutzen. Aufbürden, Schuld geben.

Aufreden. Im Schlafe laut reden. Auch so
viel als: Aufhussen: nicht minder so viel
als: Anfangen aus der Schule zu schwä=
tzen, Geheimnisse zu offenbaren.

Auf=

Auffagen. (S. Jdiot.) Auch so viel als her=
sagen, z. E. die Lektion.

Er sizt mir gewiß auf. Er kömmt mir ge=
wiß in die Falle. Eine vom Vogelfang
hergeleitete Metapher.

Aufstechen einen. Einen verrathen, seine Feh=
ler entdecken. Daher Stichauf, ein
Mensch, der aus der Schule schwäzt.

Einem die Augen auswischen. Einen be=
trügen.

Ausgschiren (einen). Einen seines Amts,
oder Geldes berauben. Von Pferden ent=
lehnte Metapher.

Auspaucken. S. das Jdiotikon. Das Wort
rühret von dem alten Gebrauche her, daß
Knaben vor der zu stäupenden Person mit
kupfernen Becken hergiengen, und auf die=
selben schlugen, um den Leuten das, was
vorgieng, zu bedeuten. Einst mußten ge=
fallene Mädchen auf einem Bocke reiten,
und die Gassen kehren. — Da paukten
auch Knaben vor ihnen her.

Ausbritschen. Eine unter der vorigen Regie=
rung schon abgeschaffte Schulceremonie in
Baiern. S. Streicha.

Ausrichten. Ausstatten. S. das Jdiotikon.
Richt mi brav aus bey ihm. Sage
ihm alles Schönes von mir.

B.

B.

Bübl. Bübchen. In der ob. Pf.

An Bärn anbinden (onbindn.) Einem eine Lüge, ein Mährchen anhängen. Es bedeutet also etwas anders als in Sachsen. S. Adelungs Wörterbuch.

Baltl. Balthasar. Man sagt auch Walthäusa,

Bampfen. Stark essen, das Maul immer voll haben.

Bauernhochzeit. Eine ehemals alle vier Jahre in München gewöhnliche Fastnachtslustbarkeit bey Hofe. Es wurde auf Heuwägen eine Bauernhochzeit vorgestellt. Der Churfürst und seine Gemahlinn waren als Wirth und Wirthinn, die Kavaliers und Damen als Bauern und Bäuerinnen gekleidet. Sie warfen Obst, und allerley Eßwaaren unter das Volk. Die Wägen waren mit Bäumen geziert, und die Musik war ländlich. — Archenholz erzählt uns in seiner Schilderung von Neapel, daß dort jährlich im Carneval eine öffentliche Maskerade vom Hofe gehalten werde, die ganz im orientalischen Geschmacke ist, und den Zug des türkischen Sultans aus dem Serail nach der grossen Moschee vorstellen soll, wozu der französische Maler Vienne den

Plan

Plan angegeben hat. Dieſes muß allerdings
prächtig ſeyn. — Aber um wie viel ſchöner,
natürlicher, herzhebender war die ländliche
Luſtbarkeit des baieriſchen Hofes, die zwar
nicht ſo reich, und fremd, aber von der
Natur ſelbſt angegeben war, und den Für-
ſten ſeinem Volke näher brachte! Die letzte
Luſtbarkeit dieſer Art ward, wenn ich nicht
irre, im Jahre 1765. gegeben. Seither
unterblieb ſie, iſt aber nie abgeſchafft worden.

A Ber. Ein zahmes Schwein männliches Geſchlechts, (gleichſam Eber). Fiſcher. Fi-
ſchernetz.

Beſchreiben für verſchreiben, z. E. Bücher
aus einem andern Orte.

Betthaupten. Kopfkiſſen.

Bettelherr. P. Collector, Terminant.

N Bettelbuben in d'Höll werfen. Etwas
ohne merklichen Erfolg thun, z. E. einem
gefräßigen Menſchen niedliche, aber wenige
Speiſen aufſetzen, einem Verſchwender mit
wenig Geld beyſtehen, u. d. gl. So viel,
als den groſſen Schlund der Hölle mit einem
Betteljunge ausſtopfen wollen.

Bam Beylingen. Beyläufig.

Bildſchön. Sehr ſchön, wie ein Jdeal. Daher das verdorbene Bitterſchön, welches
um Traunſtein gebräuchlich iſt.

Binkel. (S. Jdiot.) Auch Reiſeſack der Hand-
werkspurſche. Auch für dicker Menſch.

S' is

S' is ihm des Binkel daaſprunga. Er
fängt zu wachſen an.

A Blecka. Ein groſſes Blatt von einer Pflanze,
worauf man die Butter legt, damit ſie
friſch bleibe. D' Zähn blecken. Die Zähne
weiſen.

Si is nur a blowi. (Blaue.) In einigen
Orten iſt der Gebrauch, daß gefallene Mädchen keinen weißen Schurz tragen dürfen,
ſondern nur einen blauen. Sie erſcheinen
auch ſo bey Prozeßionen, und da geht keine
Weiße mit einer Blauen.

Blocket. Plump, wie ein Block.

Bluyen. Bläuen, prügeln. Auch daablujen.

A Bod ſchlagen (auf was.) Einen gewiſſen
Preis für eine Sache anbieten. (Angebot.)
Alle Bod, ſo oft ſich eine Gelegenheit
darbietet, z. E. Er raafft alle Bod.

Brantwein, für Verweis.

Brautwagen iſt in Baiern, wie im Nieder-
ſächſ. üblich. S. Adelungs Wörterb.

Brader, Bråda. Bratenwender.

Brettenſteiger. Schlafwandler.

Was der Brief vermag, heißt ſoviel als
was möglich iſt. Eſſen und trinken, was
der Brief vermag. Die Redensart iſt von
den Gerechtigkeitsbriefen hergenommen, in
welchen die Rechte und Pflichten jedes Grund-
unterthans angezeigt ſind. Mithin, ſoviel
immer als der Brief ausweiſet, ſo viel
Recht, als der Brief giebt.

Brinn-

Brimſeln. Nach Brand riechen. Er brim=
ſelt. Er geht mit Hochzeitgedanken um.

Brötzeln. S. das Idiot. Er bröglt ſchon.
Er raſſelt ſchon, er wird bald ſterben.

Broſentruka. Völlig trocken.

Brosl. Ambroſius.

A Brotz. Ein langſamer Menſch.

Brüten, einbrüten. Das im Herbſt geritzte
Feld im Fruhjahre mit der Egge überfah=
ren. Dieß geſchieht bey der Haber=Ausſaat.

Bruten, rumbruten. Mit einer heimlichen
Krankheit, deren man ſich nicht bewußt iſt,
langweilig umhergehen.

Bſchoras. Kleiner, unmerkbarer Profit.

Bſchoſſen. Prompt mit der Antwort.

A Büchſelfrau. Eine Ehefrau, welche das
Geld nicht ſelbſt einnimmt, ſondern erſt
vom Manne zu jeder Ausgabe erhält. Ge=
wiß kurz, und expreßiv.

Buckerl. Höfliche Verbeugung der Weibsper=
ſonen. Von Bücken, Neigen. Der Schwabe
ſagt: a Dienerla.

D.

Si daagroadeln. Sich durch Auseinander=
ſpreitung der Beine Schaden zufügen. S.
Groadln.

Dalfern, (Man ſpricht auch dolfern.) Im
Reden den andern begeifern, ihm den Spei=
chel

chel ins Gesicht spritzen. Auch so viel als
stottern. Vom alten Dalen, Dahlen.

Daagraatschen. Erfragen. S. Fratscheln
im Idiot.

Daakeyen, daaziegen. Verderben, beschmu-
tzen, z. E. ein Kleid, ein Buch zc.

Datz! Da habt ihrs! Nehmt es! In der obern
Pf. Die Baiern sagen: Sehts! Sehet
es, Voila!

Denken (einen). Den Namen eines verstorbenen Gutthäters einer Kirche oder Bruder-
schaft jährlich an gewissen Tagen auf der
Kanzel der Gemeinde verkünden, und für
ihn bethen.

d' Diech. Die Schenkel, das dicke Bein.

Dickel. Diminutiv von Benedikt.

Dill. Katharina. Diminut. Im Baier. Walde.

Dilln. Zimmerdecke.

Dostig. Aufgeblasen.

Drossel für Gurgel.

Duck di mein Seel! S' kommt a Platz-
regen. So sagen die Baiern, wenn sie einen recht starken Trunk thun wollen. (S.
Ducken im Idiotikon.)

Dunder, (S. Idiot.) oft auch für Plunder,
schlechte Waare.

A düpfelta Tanzboden. (Ein gedupfter Tanzboden.) Ein pockengrubiger Mensch. Weil
die Bauersleute eiserne Nägel an den Schuhen tragen, so wird der Tanzboden dadurch
voll

voll kleiner Gruben; daher das Gleichniß
mit den Pockengruben.

Dulken. Stammeln.

Dusen. (Jdiot.) Auch für Tobackdose.

Durchschlaachten. In Baiern die Kinderfle-
cken (Masern). In Schwaben die Pocken.
In Steyermark nennt man die Pocken Ur-
schlächten. (S. Nicolais Reisebeschreibung
5r Band.) Durchschlaachten ist gewiß besser, und heißt so viel als Durchschlag, so
wie Ausschlag die Krätze bedeutet.

Duschen. Heimlich an einer Brunst löschen.
Auch so viel als Schnalzen. S. das Jdiot.
im Nachtrage.

E.

Einbrocken sein Geld. Sein Geld beysetzen.

Einkuyen. (S. Kuyen im Jdiot.) Einschär-
fen, einprägen.

Einnehmen. Medizin nehmen. Auch für ver-
stehen, fassen. Habn S' mi eingnomma?
Haben Sie mich verstanden?

Einröckeln. S. im Jdiot. Andetschen.

Eintränken (einem etwas.) Sich einer Sache
wegen an einem rächen.   J wer da s'
eintränka. Ich werde dich zu bekommen
wissen.

Auf

Auf d' Elſen gehn (einem.) Ein wachſames Aug auf einen haben.

Roan Elementl. Ganz und gar nichts. Im bair. Walde.

F.

Faden. Das große armdicke Seil, woran 30 bis 40 Pferde die Salzſchiffe auf der Donau aufwärts ziehen. Jodl, gib acht, daß di da Fadn (Fodn) nöt ſchnaackelt. Gieb acht, Schiffmann, daß dich das Seil nicht treffe! Ein Zuruf der Schiffleute.

A Fahrtl Heu. Ein kleines Fuder Heu.

D' Falta. Fallthor auf den Straſſen.

Fergeln. S. Auftriſſeln im Idiot.

Fibern. Zittern. Vermuthlich von Anſpannung aller Fiebern, oder auch von einer fieberartigen Bewegung. Er had dös Ding angfibert. Er hat das Ding mit aller Anſtrengung ſeiner Nerven betrachtet.

Fingerling für Ring. Bey Ingolſtadt gebräuchlich.

Flitſchen. So viel als Viſperl. S. Idiot. Man nennt auch den Säbel ſo, welchen die Gerichtsdiener tragen.

Floßſtoan. Eine Art Schiffe von Vilshofen bis Paſſau mit einem Häuschen.

B   Flut

Flui zentuifl. Fliegengift. Auch figürlich ein
starker Mensch, welcher andere, wie Flie=
gen, zur Thüre hinauswirft.

Da Flura. Der Flurbewächter, Feldhüter.
In der ob. Pfalz. So wird dort auch der
Abdecker genannt.

A Flüg. Ein liederliches Weibsbild.

Fötzen. Spritzen, z. E. einen Garten.

Förzen. Eine andere Wohnung beziehen.

Friesen. Frieren. S' friest, oder freist mi.
Ich friere. In der ob. Pf.

A Fruetschen. Ein großes Maul. In der ob.
Pf.

Fuchtln. Unvorsichtig mit etwas, z. E. mit
dem Lichte umgehen. A Fuchtla, ein un=
vorsichtiger Mensch. (S. auch das Idiot.)

Füchseln. Stehlen.

J wer ihm 's Füederl höcha legen. Ich
werde ihm das Futter höher legen. Ich
werde ihn einzuschränken wissen. (Vom
Pferdstall entlehnt.)

Füeßeln. Unter dem Tische mit den Füßen mit
Jemand spielen.

Füra. Hervor. Fürschi. Vorwärts. Hinterfi.
Zurück.

Fuseln. Klein schreiben. S' is alls verfuslet.
Alles ist zu klein geschrieben.

G.

G.

Gaanſeln. Plaudern.

Si mues Gabizen hüten. Sie bekömmt keinen Mann. Sie bleibt übrig.

Gada. Hölzernes Gitter. Ein eiſernes wird Gaada genannt. Meinthalbn gehts an Zaun oder an Gada. Meinetwegen geht es an den Zaun, oder an das Gitter. Mir iſt alles gleich. Gada iſt des männlichen, Gaada iſt des ungewiſſen Geſchlechts.

Gaglhenn. Was vor der prieſterlichen Einſegnung die Brautleute zu Hauſe gegeſſen und getrunken haben.

Gänti. Neulich. In der ob. Pf.

Gama. Jammer. Angelſächſiſch Geomor.

Garazen. Knarren. Wenn bey den Mädchen die Schuhe knarren, ſo ſoll es bedeuten, daß ſie bald Bräute werden. Daher ſagen ſie oft im Scherze zu dem Schuhmacher: Mach 'a ma um an Kreutza Garaza drein. Auch Gnarzen.

Geichet. Geſträuch. Im bair. Walde. S. Dicket.

Gebahr. Gar ſchlechte Pferde oder Ochſen an einem Wagen. Im baier. Walde. Vieleicht ſo viel als Gehwerk.

Geiln

Geiln (nach etwas). Nach etwas begierig
seyn. In der ob. Pf.

Gfenz. Streitigkeiten.

Gihmauln. (Gähnmaulen.) Mit aufge=
sperrtem Munde dastehn. S. Maulaffen
im Idiot.

Glani. Schlüpfrig. S. Zahl im Idiotikon,
Um Traunstein üblich.

Goba. Goppa. Jakob. In der ob. Pf. auch
für ungeschickter Mensch.

Er steigt daher, wie der Gockl im Werch.
Er tritt hochmüthig einher.

Goysel. Joseph.

Gori. Gregor.

Görgl. Georg.

Er laßt Gott an gueten Mann seyn. Er
bekümmert sich um nichts.

Goua. Gar. In der ob. Pf.

Grasleichete grüen. Hellgrasgrün, lichtgrün.

Grenuneln. Die Zähne übereinander beißen,
daß man es hört.

S'thout grißgrämen. Es ist schrecklich kalt.

Groadln. Mit ausgespreiteten Beinen daher=
gehen.

Gronhc. Sogleich.

A Gröhret. Ort im Sumpfe, wo es viele Schilf=
röhre giebt.

Gsaashacken. Hosenhacken der alten baieri=
schen Bauern. Sie waren von Meßingdrat,
und fast Finger lang.

Gschmogn.

Gſchmogn. Schlank, Geſchmeidig.

Gſchoſl. S. Rueſch im Idiot.

Gſchwaar. Beſchwerde.

Guetding. Stark, recht ſehr. I hab'n guet=
ding ausgreint.

Da gulda Sunnta. Der goldene Sonntag.
Das Dreyeinigkeitsfeſt.

H.

Haarbeutl für kleiner Rauſch. Vermuth=
lich weil gemeine Leute manchmal im Rauſche
ſich etwas höhers und wichtigers zu ſeyn
dünken, als ſie wirklich ſind, mithin in der
Einbildung einen Haarbeutel tragen. Herr
Hofr. Adelung giebt eine coniſche Geſchich=
te zum Grunde dieſer Redensart an, ohne
ſich über den Name des Haarbeutelhelden zu
erklären.

Zahlmaulet. Ohne Bart. S. Zahl im Idiot.

Halsküttel. Ein Halskragen, gemeiniglich von
Schleyer und mit Spißen, für Weibsper=
ſonen vom bürgerl. Stande.

Hannichl. Eine 8 bis 9. Schuh hohe Fichte.

Hans. Dös Ding hoaßt Hans. Dieſes iſt
vortrefflich. Una coſa da dirle Voi.

Haanſel. Hänschen. Soll lebn da Haanſel
im Keller! Das Kind im Mutterleibe.
Wenn man auf die Geſundheit einer ſchwan=
gern

gern Frau trinket, so bedient man sich dieses
Ausdruckes. Haansel heißt auch so viel als
Unterrock bey Weibspersonen, auch so viel
als Fischbeinrock. S. Jdiotikon.

Hansen. Bey dem Eintritt in eine Gesellschaft
seinen Cammeraden eine Zeche bezahlen.

Haselnuß. Heuer habn d' Haselnuß gradn.
(Heuer sind die Haselnüsse gerathen) d. i.
Heuer giebts viele schwangere Mädchen. Wo=
her diese Redensart rühre, ist mir unbekannt.
Vielleicht weil die verbotenen Umarmungen
oft hinter Haselstauden vorgehen.

Haspel. Figürl. für munterer Mensch.

Hausel. Balthasar.

Hausen. Wirthschaften.

Hauswurm. Ein haushälterischer Mensch.

Herrisch reden. Nicht im Dialekte des Lan=
des reden.

Heurehm. Heuboden.

A Hetz. Eine Elster.

Hiempel. Dummer Mensch.

Hinnisch. Heißhungerig. Im baier. Walde.

Hintri. Zurück.

Hoaballn. Haarbollen. Saamenbehältnisse
beym Flachs.

Hoamthoan. Heimthun. Umbringen, todt
schlagen.

Hoydn. Heute. Im bair. Walde.

Hoindl. Heinrich. In der ob. Pf. Im baier.
Walde auch so viel als ein ungeschickter
Mensch.

Hollaka.

Hollako. (Hollunderkoch.) S. Hollaritzl im
Idiot.

Holzmueß. S. Schmarn im Idiot.

A Hopps. (Happs.) Rausch. Im Niedersächsischen heißt happsen, schnell erhaschen.
Schnapps, ein Schluck Brantwein.

Hoppen. Finnen.

S' Herz is ihm in d' Hosen gfallen. Er
hat den Muth verlohrn. Die oacha (eichene)
Hosen einem anlegen. Einen zur Strafe
in den Stock schlagen.

Um n' Fürsten seine Hosen schießen. Dieses
war eine schon im 16ten Jahrhunderte,
wie aus den alten Schützenregeln erhellt,
gebräuchliche Redensart. Die Fürsten in
Baiern gaben allen ihren Märkten und
Städten jährlich auf ihre Kammerrech-
nung eine lederne Hosen zum Scheibenschie-
ßen, und munterten die Bürger dadurch zur
Landfahne auf. Dieser Schützenvortheil ist
eingezogen worden.

Er had ma n' Hund ablassen. Er hat mir
den Hund abgelassen, das ist, er hat mit
mir getanzt. Weil die Mädchen, gleich dem
Kettenhunde, immer an ihrer Stelle sitzen
bleiben, bis eine Mannsperson sie zum Tanze
aufziehet. Si führt n' Hund hoam.
Es hat niemand mit ihr getanzt. Dieß ist
nun allzeit ein großer Schimpf für ein Mädchen, und das Gesind sagt Spottweise von
ihr: Geh nöt zuehi, daß di da Hund
nöt

nöt beißt! Nahe dich ihr nicht, damit dich
der Hund nicht beiße. — Nur auf dem Lande
üblich.

J.

Inſida. Seit her.
Jocherl. Joachim. In der ob. Pf. Gocherl.

K.

Ka. Ja. In der obern Pfalz.
Rachet. Zaun. In Oberbaiern bey Starnberg.
Kannes. Johann. In der ob. Pf.
Kampel. Spaßvogel.
Karner. Ein Eyhändler.
Kaſſaten gehn. Oeffentliche Nachtmuſik auf
den Straſſen machen.
Kaſſation. Serenade.
Schaut d' Katz n' Bischof on, is do a
gweichta Mon! Wird dem geſagt, der
böſe wird, wenn man ihm ins Geſicht
ſieht.
Außen rum gehn, wie d' Katz um 'n
Breyn (Brey.) Lange Umſchweife im Re-
den machen, bis man zur Hauptſache kömmt.
Kidern. Laut lachen. Auch kudern.
Kiſtler. Sieh Schreiner im Idiotikon.
Kiwi. (Kibig.) Stark, feſt. Kiwi zuſchlagn.
Stark zuſchlagen. S. Keif im Idiot.

A Kla-

A Klamutza. Ein unbedeutender Mensch. So
viel als eine kleine Münze.

Klumpsen. Spalte. Kluft.

Knerrn (an einem.) Einen unaufhörlich bit=
ten.

Knitzdowenitza. Um so weniger.

Mein Kopf is heut lauter Kopf. (Nichts
als Kopf.) Ich habe heute viel zu denken.

Koudl. Konrad.

Körbl. Kerbl. (Körbchen) S' Körbl is
fertig. So sagen die alten Mütter, wenn
ihre Töchter ins Kloster gehen, und der Welt
den Korb geben.

Kovent. Nachbier.

Krametsvogel. S. Idiot. Von Gram=
mes, Hieronymus, weil um die Zeit seines
Festes diese Art von Drosseln in unsern Ge=
genden zu erscheinen pflegt. Die Baiern se=
tzen oft das w hin, wo es nicht hin gehört.
Z. E. Jesuwit für Jesuit. So thuew'i's
halt. So thue ich es halt. So sprechen
sie auch für Krammetsvogel Kronawits=
vogel.

S' Krapel herab thuen (einem.) Meister
über einen werden.

Krös. Gekröse. Auch so viel als krauser Kra=
gen.

Kroh. Krähe.

Krusiwerk. Altes Gerümpel. Rumkrusten.
Unter altem Gerümpel umsuchen.

Kudel=

Kudelwascher. Leute, welche Kuttelflecke, d.
i. die Gedärme des geschlachteten Viehes
verkauffen.

Er had's angschaut, wie d' Kuh a neus
Stadelthor. Er sah es an, wie die Kuh
ein neues Thor vor der Scheune anschaut,
mit dummer Verwunderung.

Kundl. Kunegund.

A Maadl von der Kunst. Ein trefflich schö=
nes Mädchen. Ideal von Schönheit.

Kurberl. Korbinian.

L.

A Lähm. Eine Gallerie von außen im ersten
Stockwerke.

Lampen. An da Brust der Mutter trinken.

Langgschafti. Länglicht. Im baier. Walde.

Leil. Das daumdicke Sail, woran ein oder
zwey Pferde den Floßstein aufwärts auf der
Donau ziehen. S. Floßstoan.

In Leitam seyn. Im Austrage seyn. Im
baier. Wald. S. Austrägler im Idiotik?

Leiten. Das Thal zwischen zwoen Anhöhen.

Lempi. Lebendig, aufgeräumt. Um Traunstein.

D' Lent. Holzleut. Ein grosser Platz außerhalb
München, wo das von Tölz auf der Isar
herabgeschwommene Holz bis zum Verkauf
aufgehalten wird. Vermuthlich von An=
länden, ans Land schwimmen.

A Leyra.

A'Leyra. Ein langweiliger Mensch: Weil die
Leyrer meist Einerley auffspielen.

Da Hund is ma schon vorn Licht um-
ganga. Ich habe es mir schon zuvor ein-
gebildet, daß es so herauskommen werde.

Loder. Locker, nicht fest.

D'Lohna. Der Achsnagel an einem Wagen.
Lehne.

Loitl. Dummer Mensch.

N'Löfl aus'n Maul schlagen (einem.) Einen ums Brod bringen.

Ludeigen. Allodial.

Lunzet. Schlapp. Von dem hier zu Lande un-
gewöhnlichen Worte Lunze, Geschlinge
von geschlachteten Thieren.

Auf da Luegen. Auf zwo Anhöhen, zwischen denen ein Thal ist.

Lursch. Eine unachtsame Weibsperson. S.
Ruesch. im Idiot.

M.

Maaß. Metze. Weibchen vom Hunde. Auch
so viel als Hur.

Mas. Im baierischen Walde so viel als Metzen (ein Getreidmaas) mit dem Unterschied,
daß in Oberbaiern 6 Metzen 1 Schäffel,
dort aber 7 Maas 1 Schäffel ausmachen.
S. Oehl.

Da

Dazund had ihm s' Maas gnomma. Er
hat in seiner Arbeit das Maas verfehlt.

S' Trozd in Maandl stellen. Das Getreid
auf dem Felde Garbenweise zusammen stellen, damit es austrockne, und ihm der Regen nicht schaden könne.

Mantzes. Springkugel. S. Einröckeln.

Margerl. Margareth. Im baier. Wald.

Mats. Matsl. Mathias.

Mader (S. Idiot.) wird auch für Marder
gebraucht.

Maudern. Aus Verdruß mit jemand nicht
reden. In Baiern Pucha.

Mensch. Magd. Auch für Geliebte. In der
vielfachen Zahl Menscher.

Miech für machen würde. J glaab, es
miech nix. Ich glaube, es würde nichts
auf sich haben.

Micka. Mittwoch. Auf dem Lande fast durchgehends.

Miedl. Maria. Im baier. Walde Mietz.

Mirtl. Martin.

Moant oana, da Mohn (Mond) geht
im Hof bey iehm auf. Man möchte mey-
nen, er hätte alles im Ueberfluße. Hof
so viel als Vorhof.

Moßrainergopper. Der Moßrain ist eine Gegend im Erdingergerichte zwischen der Isar und
dem Flüßchen Isen. Da möchte man glauben,
wie man mir schreibt, wäre die deutsche Sprache
noch, wie sie vor 1000 Jahren gewesen,

wo

wo sich die Grammatiker beklagten, daß sie
ihre Worte mit den bekannten Buchstaben
nicht auszudrücken im Stande wären. Ich
gestehe es, daß ich ihre Aussprache nie selbst
gehört habe. Doch ist diese Aussprache unter dem Pöbel in Erding selbst üblich, welcher täglich mit diesen Leuten Umgang hat.
Sie sollen die Worte gerade so voll in den
Mund nehmen, wie die Tyroler. S. Goba
in dieser Nachlese.

Moßen. S. Mauneln im Idiot. a Moßa,
ein langsamer Mensch.

Mopseln. Prügeln.

Muckerl so viel als kleinste Bewegung. Er
hat koan Muckerl thon. Von der sogenannten Mücke oder dem Absehen auf Ku-
gelbüchsen hergenommen.

A Mudl. Eine Katze. (Murner.)

Muxl. Teufel, schlimmer Junge.

N.

Naar! (Narr) Eine vertrauliche Benen-
nung in der obern Pfalz. Leibniz leitet
das Wort Narr von Nar klein ab, da
denn auch das hebräische Naar, und
das Finnische Nuori, Jüngling, Sohn
dahin gehören würde. Bey den Oberpfäl-
zern mag diese Herstammung gewiß die ächte
seyn, weil das Wort eine freundschaftliche

Bedeutung hat. Kumm r' ein, Naar,
auf an Trunk, u. d. gl.

Nadl. Du haſt etwas auf da Nadl. Du
haſt einen Fehler begangen, für den du mir
noch büſſen mußt.

Nähen wird für Prügeln genommen. Freylich derbe Stiche!

Neeta! (Nicht doch!) Hören Sie auf, mich zu
necken! Ein Mädchenſpruch.

Mit da' Stang im Nebel umſtüren. Ver-
gebliche Arbeit thun.

Neſtbatz. Der Letztgebohrne.

Er nöſtlt (neſtelt) ſich ſchon ſelber aus.
Er iſt ſchon ſieben Jahre alt.

Daß s' an Nama had. Stark, kräftig.

Nickl. Niklas.

Niſſi. Schlecht.

Er is nöt nothfeſt. Er iſt nicht geſund genug,
um etwas auszuſtehen.

Noitz. Nichts, nein. Ein ſehr altes Wort.

A Nueſch. Ein trächtiges Schwein.

Nuſſen, daanuſſen. Recht derb abprügeln.

O.

Oanſchichti, einſchichtig. Einzeln.

Oar walgen. Ein ländliches Spiel. Man legt
Eier auf die Erde, und läßt dann einen
meßingen Ring über ein Bret ablaufen.
Dem

Dem, deſſen Ei das nächſte beym Ring iſt, gehört der Gewinn.

Oar klauben. Auch ein Spiel. Man legt eine gewiſſe Zahl Eier auf die Erde 10 bis 12 oder auch 20 Schritte eines vom andern. Nun muß einer eine beſtimmte Strecke weit gerad auslaufen, der zweite muß aber ein Ei nach dem andern holen, und auf den beſtimmten Platz tragen, ohne ein Ei zu zerbrechen. Wer eher fertig wird, gewinnt die Eier.

Oarfleck. Eyer im Schmalze.

Oehl, Oehlmaas iſt bey Zwiſel im baieriſchen Wald ein Getreidmaas; 8 Oehl machen ein Schäffel aus. Zwo Stunden von Zwiſel ſagt man Mas. S. **Mas.**

Oergl. S. **Görgl.**

Oergerl, auch **Aergerl.** Eine kleine Orgel.

Auf da Ohreiln. Auf der Abſeite, an einem abgelegenen Orte. (Abreibe; wo ſich der Weg abreibt, dreht.)

S' geht on. (Es geht an.) Mittelmäßig, weder gut noch ſchlecht.

P.

Paatſch. Plötzlich. Paatſch is a daglegen. Plötzlich lag er da.

Pam-

Pamphili. Paamperl. Der Eichenober in der Karte.

Paschen. Würfeln.

S' Pechmaandl (Pechmännchen.) kummt. Der Schlaf kömmt. Von Kindern. Vermuthlich, weil die Augen sich schließen, und nicht mehr öffnen wollen.

Er had Pech an der Hosen. Er bleibt lange in Gesellschaft sitzen, ist nicht weiter zu bringen.

Penzen (an einem.) Einem anliegen, nachdrücklich um etwas bitten.

Pestvogel. Pfeffervogel, Seidenschwanz.

Pexen, Pechsen. Die Kerne von Kirschen.

Pfanzig, pfaanzi (S. Idiot.) stammt gewiß von Pflanze, junges Gewächs, organisirtes Leben.

Pflingstl. Wer sein Vieh am letzten auf die Gemeinweide bringt.

Pletzen, (einen Baum) anhauen. S. Idiot.

Plodern. (Schlottern.) Zu weit seyn. Nur von Kleidern. Daher Ploderhosen. Plodern auch für Plaudern.

N' Pfarra s' Plaatl schern. Dem Pfarrer den Zehend stehlen; ihm die Platte (Priesterkrone) abscheeren. Eine Bauernphrasis.

Poltl. Leopold.

Si prangt, oder is a Prangerin. Dieß sagt man, wenn ein Mädchen in der Fronleichnahmsprozeßion mit einem Kranz auf dem Kopfe vor dem Hochwürdigsten gehen darf.

Die,

Die, welche nicht mehr Jungfer ist, darf
es nicht.

Prödi. Predigt. Ein baierisches Sinngedicht
hievon:

Hiesel.

Koan schönere Prödi hat koana no thon,
In da Weitn und da Nächet (Nähe) als
unsa Kaplon.

Kaspar.

Was had a denn prödigt?

Hiesel.

Dös geht mi nix on.

Pudelnaarisch. Recht aufgerdumt, lustig.
A Pumpanickl. S. Paunzen im Idiotikon.

R.

Raankeln das Brod. Einschnitte darinn machen, damit man es stückweise bequemer
verzehren könne. Man nennt es auch Ra-
steln.

Ranten. Sind 60 bis 70 Schuh lange dünne
Fichten.

Ranzen. Höcker.

Rappelköpfig. Stürmisch, zornig.

Raunzig. Schlecht, verächtlich. Raunzen.
Recht sehr bitten. In der ob. Pf. S.
Knern, und im Idiot. Knauzen.

Recken, Weisen, zeigen. Herrecka. Herzeigen.

Resch. Rasch.

Er is koan Rechter. Er meints nicht gut, er ist kein redlicher Mann.

Hart reden (einen). Einem harte Worte geben. J hab n' gredt, daß er håd mögen Bluet schwitzen.

Regerl, Reigl. Regina.

Reitern. Ein Würfelspiel auf dem Lande. Man wirft den Würfel in die Oeffnung einer geschlungenen Säule, wo er sich durchwälzen muß, und am Ende sein Werth sich zeiget.

Reren. Plerren. Vom Vieh. Alt deutsch raaren. S. Röhre im Idict.

Si Ribanzen. Sich an etwas reiben, wenns einen am Rücken juckt.

Ribeln, rippeln. Reiben.

Richten. Bereiten. Richt Geld her! Mache, daß Geld in Bereitschaft sey! S. das letzte Lied im Idiotikon.

Ritzen. Im Herbst nur halb ackern, so daß ein Wasen auf den andern kömmt. S. Brüten.

Robinzerl Salat. (Rapunzel.) Grüner Salat.

Rockagiehn. In die Gunkel, in Spinngesellschaft gehen.

A Feuer röhrn. Durch Unbehutsamkeit eine Brunst veranlassen. In der ob. Pf.

A Rogl.

A Rogl. Eine papierene Rolle mit Geld. Sie ist nicht, wie Hr. Adelung meint, so viel als Dütte, sondern hat eine cylindrische Figur, und wird bey Zahlämtern über einem hölzernen Stabe nach der Größe der Geldsorte gemacht, mit welcher man sie füllen will. Auch sagt man in Baiern nicht Scharmüzel für Dütte, wie Hr. Adelung meint, sondern Starnizel.

Roller. Eine alte Vogelflinte, oder ein altes Hausgewehr zum Schiessen.

Roupa. Erdbeeren. In Niederbaiern. (Rothbeeren.)

Rühren. Im Fruhjahre das erstemal ackern; dann wird wieder geackert, und zugleich angebaut. Dieß geschieht bey der Gerste.

Rumpelthier. S. Bär. Schweinbär.

S.

Sakra. Sakristey. Der Herr kan mehr nöt raus aus der Sakra. Der Pfarrer will wieder lange nicht heraus zur Messe.

Saamer. Ein Mann, welcher Waaren z. E. Salz auf Pferden fortbringt. A Samroß. Ein Lastpferd. Cavallo di Somma, Cheval de Somme.

Samtwander. Mit noch einem Cameraden. So sagt man im Kartenspiel: J hab n' Trumpfsibna samtwander.

Schaa⸗

Schaaras. Kratzfuß, Compliment.

Schaatz wohl. Ich halte es für gewiß. (Von Schätzen.)

Schabpoussen. Die Garben einsweilen nur überdreschen. Von Schab (S. Idiot.) und Poussen, schlagen.

Schidrig. S. im Idiot. Schleußi. Fasig, faserig.

Schiech. Scheu.

Schifrig. Ungeduldig, empfindlich.

Schleifa. Ein bäuerischer, gar nicht unartiger Tanz.

Schlengen. Eine Strafe der Becker, wenn ihr Brod das gehörige Gewicht nicht hat. S. Adelung bey Schupfen, schuppen. Sie werden durch eine Maschine ins Wasser geworfen, und dann wieder schleunig aufgefangen.

Schloasen. (S. das Idiot.) kommt her von Geleise, Leise.

Schlögl. (S. Idiot.) Auch ein Arrestantenwärter.

Schlout. Camin. In der ob. Pf.

Si wend si. Die Sonnewende, (Sie wendt sich.) Da machen die Kinder Sommerfeuer, über welches sie springen. Sie betteln das Holz dazu, und singen verschiedene Lieder. Hier ist eines:

Geit

Geit uns, Geit uns Holz heraus!
Wir machen uns ein Fuierl draus,
Um unter Tanz, und Singa;
Darüber weg zu springa.
Seid ihr amal in Feuersnoth,
So werd ihr sagen: Lieber Gott,
Möcht mir a Sprung gelinga!
So lernet denn früh springa,
Daß ihr auch durch den lieben Gott
Euch leicht errett von Feuernoth!
Macht euch a Freud daraus
Und geit uns, geit uns Holz her as!

Schmaatzen für Schwätzen. Sehr gebräuch=
lich. Es lautet anders als Schmatzen.
S. Idiot.

Schmarn. (S. Idiot.) Dieses Wort stammt
her vom alten Schmaren, schneiden, zer=
theilen, wie in Adelungs Wörterbuch, Ar=
tikel Schmerz zu sehen ist.

Schmaaraackln. Eine Art Kegelspiel.

Schmiern. Eine Art Kartenspiel, in welcher
derjenige gewinnt, welcher die wenigsten Zeh=
ne zählt.

Schmollen. Brodkrume, der innere weiche
Theil des Brods.

Schnabelwoad. Schnabelweide, Leckerbissen.
Schnaabeliren, essen.

Schnabel. S. Vesperglöckl.

Schnueten. Unordentlich suchen. Muest alles
ausschnucten?

Schnü=

Schnüren (S. Idiot.) heißt auch so viel
als Nachrücken. So schnüren die letzten
Bräuknechte, wenn der erste wegkömmt.

Schopper. Schifmacher.

Si schoppen. Sich häufen. D'Arbat schoppt
si. Die Arbeit häuft sich.

Schröpfen (einem) Einen ums Geld bringen. Figürl.

Schünst. Sonst.

Sehroln.. In der Lauge waschen.

Sägg für sagen würde. I'sägs sonst nöt.

Siechen. S. Sunderstechen.

Sill. Ein Kasten, so hoch und schmal, wie
eine Bank. Die Bauern werfen ihre Kleider hinein, und bey Tische sitzen Knechte
und Mägde darauf.

Sommermörln. Sommersprossen, Sommer-
flecken.

Sötti. Solch.

Si nöt spaaden. (späten) Geschwind bey einer
Sache seyn.

Der is ma a Speck aufs Kraut. Mit ihm
bin ich bald fertig.

Spilmann. Musikant in Wirthshäusern.

Spatzen, Leberspatzen, Feuerspatzen. Arten von Mehlspeisen.

Spitz. S. Hundssuff im Idiot.

Spintisiren. Nachdenklich seyn.

Spücken. Freundschaftlich für Lügen. Kommen Sie gewiß! Spücken Sie nicht!

Staanda-

Straandaling. Das Bier, welches beym Ein-
schenken überläuft, und in ein untergesetztes
Geschirr fällt. Es wird dadurch sehr un-
schmackhaft.

Stacherl. Eustachius. A Staches. Ein Lüm-
mel.

A Stampfa. Eine Suppe mit sehr viel Brod.
Stampferl, so viel als ein kleiner Fuß.

Staangelreiter. Der Vorreiter der großen Salz-
schiffe aufwärts. Auch der verlorne Mann.

Stempen. Ein kurzer dicker Mensch. S. Paunzen im Idiot.

Stichetzen soll nach Adel. Wörterbuch im Baierischen Stottern bedeuten. Stichetzen wird
nie gehört, wohl aber gagazen, auch gi-
gazen.

Stierkugelt. Eine Art Kegelspiel mit 3 Kegeln.

Stinl. Augustin.

Stoffel. Christoph.

Streichen. Auf dem Lande in der ob. Pf. war
es ehedem gewöhnlich, daß die Schulkinder
zur Faßnachtzeit durch eine Bank krochen,
auf welcher der Schulmeister mit dem birke-
nen Zepter in der Hand saß, und jedem
Schüler unterm Durchschlüpfen einen der-
ben Streich auf den Hintern versetzte. Hierauf giengs zum Tanze, wo der Lehrer auf-
spielte, und am Ende von jedem Kinde einen Kreuzer erhielt. In Baiern nannte
man diese Ceremonie Ausbritschen. Sie
ward schon unter der vorigen Regierung ab-
geschafft.

Strigel n Striemen.

Stügeln. Vorsteckärmeln, damit die Man=
schetten sauber bleiben.

A Stützen machen. Den Kopf auf den Arm
stützen.

Sunderfiechen. Mit einem unheilbaren Aus=
satze behaftete Leute, Leprosen. Ein altes
Wort.

T.

Taign, tagen. Prozeß führen. Ein sehr al=
tes Wort. Im baier. Walde.

Tarkeln. Taumeln.

Teig. Teigig. Z. E. teige Birnen. Sprich Toag.

Thriol für drey. In Moßrain. S. Moßrain.

Thurnieren, im baier. Walde thunirn. Pol=
tern, lärmen, heftig zanken.

Tnaula. Neulich. Im baier. Walde.

Todtentrunk. S. Leichbier im Idiot. In
Baiern sagt man, n' Todten vertrinken
(votrinka). Will man wissen, wann einer
gestorben sey, so fragt man sich auf dem
Lande nur: Wann hab ma n' votrunka?
Wann haben wir ihn vertrunken?

Unters Traff (unter die Traufe) stellen.
(einen). Einen in schlimme Händel bringen.

A Traagla. S. Karner. Im baier. Walde.

Trischaacken. Ein Kartenspiel. Auch so viel
als einen prügeln.

U.

U.

An Uebergaangl. (Ein Uebergångl.)
Ein Strichregen, der bald vorübergeht.

Ueberlout wern. Durch einen neidischen Blick
verhext werden, und abzehren. S. Lue im
Idiotikon.

Uebertölpeln. Betrügen.

Ueberboatzen (eine Krankheit). S. das Idiotikon. Ist weiter nichts als eine verderbte
Aussprache von Ueberbeissen, verbeissen.

V.

Verbutten (Vobutten). Klein, unansehn-
lich bleiben; von Kindern, Thieren und
Pflanzen. Vermuthlich kömmt davon her
Punzen, Paunzen. S. das Idiotikon.

Si verschaun (Voschaun). I hab mi vo-
schaut. Ich erstaunte, als ich dieses sah.

Versetzen. Verpfänden. Versatzamt. Leyh-
haus,, monte di pietá.

Verzetten. Verzetteln. Nach und nach ver-
lieren.

Vesperglöckl. Ein naseweises Mädchen. S.
Gschnappi im Idiot.

Vettel. Hure.

Vonna. Hervor, vom Leibe weg. Man
sagt auch donna oder donni. Keys
donni.

donni. Wirf es von dir weg! S'Kami=
fol steht da vonna. Die Weste steht dir
vom Leibe weg, liegt nicht an.

W.

Waachs. Scharf, eindringend. A waachsa
Winta. A waachsa Herr.

Wachteln (einen). Einen derb ausschelten.

J wer's in a Waachsel drucken. Ich werde
dieser Sache eingedenk seyn.

A Waffel. Ein großes Maul. Angelsächsisch.

Wahm. (S. Idiot.) Auch für Plauderer oder
Plauderinn.

Walchen. Prügeln. Auch Daawalcha.

J sieh eppas wammezen. Ich sehe in der
Ferne einen dunkeln Schein von einem Gegen=
stande. Im bayer Walde.

Weda. (Wetter, auch Ungewitter.) Schlag
drein, als wenn man zum Weda läu=
tet! Schlage darein nach Kräften!

Weibagritscha. Ein Mann, der sich um
weibliche Geschäfte annimmt. Man sagt
auch Haaferlgucker.

Weidachri. Sehr hungerig oder begierig. Im
baier. Walde.

Er ist nöt weit her. Er ist ein Tauge=
nichts.

A Schüssel voll guten Willen. So sagen
treuherzige Baiern zu ihren Gästen, ehe sie
sich zu Tische setzen.

Stic=

Stiefel wichsen. Die Stiefel mit Wachs überziehen. Gewichste Leinwath. Wachsleinwand. Wichsen figürlich für prügeln.

A Wickel. So viel Flachs, als auf einmal zum abspinnen aufgesteckt wird. Figürlich für Perücke, und zwar Spottweise. Für Perücke wird ebenfalls Spottweise Wasen gesagt.

Windling für Bohrer.

S' woazt da. Es giebt da Gespenster. S. Reigieren im Idiot.

Woferl. Wolfgang.

Wognhäufeln. In der ob. Pf. S. Zetschepetsch im Idiotikon.

Wolenden? Wozu liegt der Ort? Gegen welche Gegend?

Wulst. Geschwulst.

A hölzerne Wurst einem aufs Kraut legen. Einen prügeln.

Wüest, wäist (wüst.) Häßlich. Wäista Schatz. Ein häßliches Mädchen.

Z.

S' Zsammgscheret. Der Letztgebohrne. Cadet. Aus der Küche entlehnte Metapher.

Zaangerlt, oder zengerlt. Säuerlich.

Zankenkaas. Der Käs, den man bey dem Taufmahle aufsetzt.

Zä-

Zapfeln. Trinken. A Zapfla. Ein Trinker.

Zauchen, zaufen. Mit Gewalt ziehen. (Bey Fuhren gewöhnlich) Man sagt auch figürlich: Zurückzaufen. Seine Reden zurücknehmen.

Er grüßt n' Zaun wegen n' Garten. Er schmeichelt der Mutter wegen der Tochter.

Zeideln. Melken im baier. W.

A Zuckerl thoan. Ein wenig zücken, eine kleine Wendung mit dem Leibe machen.

A Zuchtl. Eine Schweinmutter. S. Lous im Idiotikon, wo für eine ein zu lesen ist.

Zuedecken einen. Einen in Unglück bringen.

Zuekommen, für in Unglück kommen.

S' Maadl ist zuekomma, ist geschwängert worden.

Zuegmaachig. Schmeichelnd. Sich zumachend.

Zwiäugeln. Schielen. Im baier. Walde. S. Zwinken im Idiot.

Zwidarm. Zwitter. Einer, der an der Gränze eines benachbarten Landes wohnt.

Einen zwifeln. Einen gehorsam machen.

Zwillisch. Zweyfach. Um Traunstein.

Zwo, für warum: Zwo bist da? Warum bist du hier? (wozu)

Zwusel. Gedoppelt. Im baier. Walde.

A n

Anhang.

Abbauen. Mit einem nach und nach brechen.

Abessen (sich an etwas). So viel von einer Speise geniessen, daß sie einem zum Eckel wird.

Anmachen. Bereiten z. B. einen Teig.

Aufbegehren. Herausfodern. Expostuliren.

Auflüpfen (sich) Sich in die Höhe heben.

Ausnahmeln. Jemanden einen Schimpfname geben.

Biederer. Hölzernes Trinkgeschirr auf etwa 4 bis 6 Maas.

Blädern. (Blätern) Prügeln.

Bögeln. Glätten.

Büchel. Hügel.

Buckerl. Eine Verbeugung der Frauenzimmer. Von Bucken. Die Schwaben sager: a Dienerla.

Datschen. Schlechtes Backwerk.

A Diamal. Zuweilen.

Dutten. (S. Idiot.) Auch für das gläserne Trinkgeschirr kleiner Kinder.

Duckmauser, Stockmauser. Heimtückischer Mensch.

Einbaum. (Sprich Oanbaam.) Ein aus einem einzigen Baum ausgehöhltes Schiff.

Eindächteln die Wäsche. Einweichen.

Einschichtig. Einzeln.

Eyerl.

Eyerl. Kuß. Meist von kleinen Kindern gebräuchlich. Von Ey, Ey! welches man beym küßen dazu sagt.

Fahrn. Ein Schiff, worauf man mit Roß und Wagen überfahren kann.

Fäustling. Handschuhe, vielmehr Säcke über die Hände, ohne Finger.

Ihr Herren, Feyerabend gmacht! Ist der gewöhnliche Spruch der Patroullen, wenn sie zuNachts um die bestimmteZeit in den Schenken das Trinken und Spielen abschaffen.

Fürfleck. Schurz.

Ghaufft voll. Gar voll.

Gschmachen für Geruch.

Der lieb Gsund. Die Gesundheit.

Der Gottsoberst. Der Vornehmste.

S' Gwölb kracht schon. Sie wird bald in die Wochen kommen: sie fühlt die Wehen.

Halfter für Hosenträger.

Handsam. Bequem.

Hineinleppern. Langsam hineinschlürfen.

Höllhafen. Ein kupfernes Gefäß oben im Ofen fest gemacht, worinn Wasser gesotten wird.

Karthause. Kopfhaare. Einen bey der Karthause nehmen.

Kifern. Nagen.

Kisel, oft für Kiesel oder Schlossen.

Kirm. Tragkorb mit Armbändern.

Ludl (Siehe Idiot.) wird auch für Dutte (siehe oben) gebraucht, und so auch Scherzweise

weiſe für Tobackspfeife. Z. B. Er hat n'. ganzen Tag d' Ludl im Maul.

Maykäfer. So nannte man in München Scherz weiſe die geharniſchten Männer, oder Schar: wächter, welche ehedem bey der Fronleich: namsproceßion den Schluß machten.

Metten für Lärm.

Ofenmann. S. Goglhopf.

Pitſchen. Hölzernes Trinkgeſchirr auf eine Maas-

Rideriſch. Roh in ſeinen Manieren, auffah: rend, gleichſam Rindmäßig.

Roßbäuch. Große röthlichte Pflaumen.

Schaaba für Fürfleck, Schurz der Maurer ꝛc.

Scharwenzel. Ein unbeſtändiger Menſch.

Schmecker für Naſe, a Schmecken, ſo viel als Blumenſtrauß.

Schmucken für ſchmiegen.

Schwaar für ſchwer.

J hab Sorg. Wird an manchen Orten ſehr ſprachwidrig gebraucht für: ich hoffe, ver: muthe.

Steintappeln. Ein Kinderſpiel, wo ſie eine gewiſſe Anzahl Steine in die Höhe werfen, und bald mit flacher, bald mit umgekehrter Hand auffangen.

Stichwein. Zur Probe angezapfter Wein.

Taubenjakl. Einer, der ſeine Freude mit der Taubenzucht hat.

Tritling, auch Schlerfeln für Pantoffeln.

Pitzdum. Eine Suppe von Erbſen und Gerſte untereinander.

Du

Du meinst (moanst) s' Wassa treibts. Es
geht zum verwundern gut und ordentlich.

Weichsel, figürlich für Stoß mit der Hand zwischen die Schultern.

Es ist mit ihm allzeit mit da Wurst bun-
den. Nichts ausgerichtet.

Zwazeln. Vom Gehen der Kinder.

Noch einige in Baiern und der obern
Pfalz gewöhnliche Sprüchwörter.

Man muß hausen, als wenn man ewig
leben thaat, und leben, als wenn man
alle Täg sterben thaat. Wirthschafte,
als ob du ewig leben solltest, und lebe, als
ob du täglich sterben müßtest.

* * *

Es gibt koan Wagen, der nöt umwer-
fen kan. Der stärkste kann fallen. Niemand ist vor Fehlern sicher.

* * *

Enters Bachs gibts ah Leud. Es gibt
überall vernünftige Leute. (S. Enten im
Idiot.) Es giebt kein paradis terrestre
habité par des betes.

Lauter

Lauter Narrn brauchen nöt reitern. Unter lauter Narren gibts nichts zu sieben. So sagt man, wenn eine ganze Familie oder Gesellschaft wenig Verstand und Ueberlegung zeigt.

* *

Eigensinnig is ärger als Unsinnig.

* *

Bettst dir guet, so ligst guet. Wählst du dir ein gutes Lebensgeschäft (oder eine gute Heirath) so wirst du wohl bestehen. Eine Warnung an junge Leute.

* *

Es is koi Apfel so Rousen rout (Rosenroth)
Es steckt a Wirmerl drinn, (Würmchen.)
Es is koi Moidl so jung erkorn, (aus den jüngsten hervorgesucht)
Es fiet an falschen Sinn. (führt) In der obern Pfalz.

* *

Bier und Brod macht d' Backen (Wangen) roth.

* *

D   A

A lachete (lachende) Braut, a woanete (weinende) Frau. Und umgekehrt. Man hälts für ein glückliches Zeichen, wenn die Braut am Altare weint. Vermuthlich darum, weil sie nicht leichſinnig iſt.

* *

Jeder kehr vor ſeiner Thür! Was dich nicht brennt, blaſe nicht!

* *

Hab Impen und Schaf, leg di nida und schlaf; aber nöt z'lang!

* *

Wer Kegelscheiben will, muß aufſetzen. Wer einen andern necken will, muß ſelbſt nicht zu empfindlich ſeyn, muß Spaß verſtehen.

* *

Gwohnat (Gewohnheit) is an eiſene Pfoad. Gewohnheit iſt ein eiſernes Hemd.

* *

Kloane Haaferln genga gern über. Kleine Menschen ſind leicht zum Zorne zu reitzen.

* *

Kurze Haar ſahn bald bürſcht (gebürſtet.) Wo wenig iſt, iſts bald aufgeräumt.

* *

Alle

* *
*

Alle neue Beſen kehren gut. Initium ſervet.

* *
*

A Bröckl ſtreckt an Aaderl. Ein Bröckchen ſtreckt ein Aederchen. d. i. Auch eine kleine Gabe thut ihre Wirkung.

* *
*

Der Beſt (der Beſte) had n' Sack gſtohln. Wer ſich' zu ſehr entſchuldigt, gibt ſich ſchuldig.

* *
*

Anfang, betrachte das End! Ehe du anfängſt, betrachte die Folgen!